설문지 작성법

커뮤니케이션이해총서

급변하는 커뮤니케이션 환경에서 새로운 지식에 대한 욕구가 높아지고 있습니다. 이러한 흐름에 발맞추어 하나의 커뮤니케이션 주제를 10개 항목으로 묶어서 달걀 꾸러미처럼 엮었습니다. 사회의 변화를 빠르게 알기 원하는 대중과 시대에 앞선 지식을 단시간에 알고자 하는 연구자, 실무자, 학생에게 도움이 되는 책입니다.

일러두기

- 인명, 작품명, 저서명, 개념어 등은 한글과 함께 괄호 안에 해당 국가의 원어를 병기했습니다.
- 외래어 표기는 현행 어문규정의 외래어표기법을 따랐습니다.

커뮤니케이션이해총서

설문지 작성법

오승호

대한민국, 서울, 커뮤니케이션북스, 2026

설문지 작성법

지은이 오승호
펴낸이 박영률

초판 1쇄 펴낸날 2026년 1월 26일

커뮤니케이션북스(주)
출판 등록 2007년 8월 17일 제313-2007-000166호
02880 서울시 성북구 성북로 5-11
전화(02) 7474 001, 팩스(02) 736 5047
commbooks@commbooks.com
www.commbooks.com

CommunicationBooks Inc.
5-11, Seongbuk-ro
Seongbuk-gu, Seoul, 02880, KOREA
phone 82 2 7474 001, fax 82 2 736 5047

ISBN 979-11-430-1792-5 04300

책값은 뒤표지에 표시되어 있습니다.

차례

생각을 측정하는 도구의 진화

우리는 타인의 생각을 알고 싶다는 근원적 욕망을 가진 존재다. 기업은 '어떤 제품을 원하십니까?'라는 질문으로 시장의 기회를 포착하고, 정부는 '이 정책에 동의하십니까?'라는 질문으로 국정의 방향을 설정하며, 우리는 '오늘 행복했나요?'라는 질문으로 스스로를 성찰한다. 이처럼 질문은 세상을 이해하고 더 나은 의사 결정을 내리기 위한 가장 근본적인 도구다.

20세기 초, 조지 갤럽(George Gallup)이 과학적 표본 조사의 개념을 도입하며 이 욕망은 비로소 과학의 영역으로 들어섰다. 우리는 체계적인 '질문'을 통해 사회의 생각을 측정하고 미래를 예측하는 강력한 도구를 손에 쥐게 된 것이다. 그러나 이 강력한 도구의 힘은 역설적으로 그 가장 작은 단위인 '질문' 하나에서 나온다. 설문조사만큼 그 신뢰성에 대해 자주 의심받는 도구도 드물며, 사람들은 똑같은 사안을 두고도 조사 기관마다 결과가 달라지는 현상을 보며 '설문은 귀에 걸면 귀걸이, 코에 걸면 코걸이'라고 비판하곤 한다. 이러한 비판은 상당 부분 타당하다. 수

많은 조사가 과학적 원칙을 무시한 부실한 질문으로 현실을 왜곡하고, 때로는 특정 의도를 관철하기 위한 도구로 악용되기도 하기 때문이다. 질문의 형태가 조금만 바뀌어도 응답은 극적으로 달라지며, 질문 속에 담긴 미묘한 편향은 사회 전체의 모습을 심각하게 왜곡할 수 있다. 누구나 쉽게 설문을 만드는 시대, 우리는 스스로에게 질문해야 한다.

'우리가 얻은 이 응답 데이터는 과연 진실을 반영하고 있는가?'

잘못된 질문으로 얻은 데이터는 아무것도 없는 것보다 더 위험하다. 그것은 우리를 진실에서 더 멀어지게 만드는 그릇된 나침반이 될 뿐이다. 이 책은 바로 이 질문에서 출발한다.

진실을 비추는 '거울'과 왜곡하는 '요술 거울'

좋은 질문은 현실을 있는 그대로 비추는 맑은 '거울'과 같다. 응답자의 생각과 태도를 오차 없이 포착하여 우리가 보지 못했던 진실을 드러낸다. 하지만 나쁜 질문은 현실을 기묘하게 왜곡하는 '요술 거울'과 같다. 특정 답변을 유도하고, 응답자를 혼란에 빠뜨리며, 결국엔 아무것도 없는 것보다 더 위험한 그릇된 통찰을 제공한다.

이 책은 좋은 질문을 만드는 일이 단순히 문장력이 좋다고 해서 가능한 영역이 아님을 역설한다. 그것은 인간의 인지 과정을 이해하는 심리학, 단어의 미묘한 차이를 파악하는 언어학, 측정의 오차를 줄이려는 계량 방법론이 교차하는 지점에 서 있는 정교한 지적 활동이다. 이 책은 좋은 질문을 만드는 과학적 설계도를 총 10개의 장에 걸쳐, 하나의 좋은 질문이 탄생하기까지 연구자가 반드시 거쳐야 할 논리적 사고의 흐름을 따라 체계적인 로드맵으로 제시한다.

좋은 질문을 향한 여정: 이 책의 로드맵

이 책은 하나의 좋은 질문이 탄생하기까지의 여정을 4단계의 과정으로 구성했다. 이 여정은 측정의 철학을 다지는 것에서 시작하여, 실무 역량을 갖추고, 질문의 완성도를 높이며, 궁극적으로는 과학적 신뢰를 확보하는 전문가로 거듭나는 과정이다.

1단계: 기초 다지기 - 측정의 철학과 원칙 이해(1~2장)

모든 설계는 견고한 철학에서 출발한다. 1장 '좋은 질문의 목표와 기본 원칙'에서는 '좋은 질문이란 무엇인가'라는 근본적인 질문에 답한다. 좋은 질문은 연구 목적에 부합하는 정보를 이끌어내는 동시에, 응답자가 정확하고 완전한 정보를 제공하도록 동기를 부여하는 두 가지 핵심 목표를 동시에 달성해야 한다고 강조한다. 이를 위해 질문은 명확해야 하고(Clarity), 응답자가 답할 수 있어야 하며(Feasibility), 또 솔직하게 답할 의지가 생기도록(Willingness) 설계되어야 한다. 이 모든 원칙이 지향하는 단 하나의 목표는 바로 모든 응답을 비교 가능하게 만드는 '측정의 표준화(Standardization)'다. 이어 2장 '질문에 답하는 4단계 인지 과정'에서는 응답자의 머릿속으로 들어가, 설문 응답이 단순한 자극-반응이 아니라 여러 단계의 인지적 과업(cognitive tasks)임을 밝힌다. 응답자는 질문의 의도를 파악하는 '이해(Comprehension)', 기억 속에서 정보를 꺼내는 '인출(Retrieval)', 정보를 바탕으로 답을 구성하는 '판단(Judgment)', 그리고 최종적으로 답을 표현하고 사회적 시선을 의식해 편집하는 '응답(Response)'이라는 4단계의 복잡한 인지 과정을 거친다. 이 각 단계에서 발생할 수 있는 오류의 가능성을 이해하는 것이 좋은 질문 설계의 전제 조건이다.

2단계: 실행력 갖추기 - 질문 설계의 핵심 기술(3~5장)

탄탄한 기초 위에 실무 역량을 쌓는다. 3장 '개방형 질문과 폐쇄형 질문'에서는 응답자가 자유롭게 서술하는 개방형과 주어진 보기에서 고르는 폐쇄형의 본질적 차이를 이해한다. 폐쇄형은 응답과 분석이 효율적이지만 연구자의 예측을 벗어나는 답변을 놓칠 수 있고, 개방형은 풍부하고 예상치 못한 통찰을 주지만 응답과 분석에 많은 비용이 든다. 연구 목적이 '무엇'을 확인하는 것인지, '왜'를 탐색하는 것인지에 따라 두 가지를 전략적으로 사용하는 지혜를 배운다. 4장 '객관식 보기의 원칙'에서는 폐쇄형 질문의 심장인 '보기'를 만드는 과학을 탐구한다. 모든 가능한 응답을 포함하는 '포괄성(Exhaustiveness)'과 각 보기의 의미가 서로 겹치지 않는 '상호 배타성(Mutual Exclusivity)'이라는 두 가지 대원칙을 제시한다. 나아가 측정 개념에 따라 '만족-불만족'과 같이 양 극단이 존재하는 '양극형 척도(Bipolar Scale)'와, '전혀 없음'에서 '매우 많음'으로 이어지는 '단극형 척도(Unipolar Scale)'를 올바르게 구분하여 사용하는 법을 다룬다. 마지막으로 5장 '효과적인 평가 척도 설계하기'에서는 만족도나 태도처럼 눈에 보이지 않는 개념을 측정하는 '마음의 자'를 만드는 법을 익힌다. 일반적으로 5점 혹은 7점 척도가 응답의 용이성과 측정의 정밀성 사이에서 가장 좋은 균형을 제공하며, 각 눈금의 의미를 명확히 하는 '전체 어휘 표기(Fully Labeled)' 방식이 데이터의 신뢰도를 높이는 가장 효과적인 방법임을 강조한다.

3단계: 완성도 높이기 - 흔한 함정과 편향 극복(6~8장)

이제 설계의 완성도를 떨어뜨리는 수많은 함정을 피하는 법을 배운다. 6장 '나쁜 질문 피하기'에서는 데이터를 오염시키는 대표적인 주범들을 해부한다. 하나의 질문에 두 가지 내용을 묻는 '이중 질문(Double-barreled Questions)', 특정 답변을 유도하는 '유도 질문(Leading Questions)', 응답자의 상황을 단정하는 '암묵적 가정(Implicit Assumptions)', 인지적으로 혼란스러운 '부정문(Negatives)' 등이 그것이다. 7장 '민감한 주제에 대한 응답률 높이기'에서는 소득, 사생활 등 답하기 불편한 '위협적인 질문(Threatening Questions)'에 대해 솔직한 답변을 얻어내는 섬세하고 정교한 기술을 살펴본다. 질문의 필요성을 설명하여 정당성을 부여하고, 특정 행동이 보편적임을 암시하여 정상성을 부여하며, 응답 보기를 넓은 범주로 제시하여 심리적 부담을 덜어주는 전략 등을 제시한다. 그리고 8장 '문항 순서의 마법'에서는 앞선 질문이 뒤따르는 질문에 영향을 미치는 '맥락 효과(Context Effect)'를 분석한다. 응답이 앞선 질문과 유사해지는 '동화 효과(Assimilation Effect)'와 멀어지는 '대조 효과(Contrast Effect)'의 함정을 피하고,

일반적인 질문에서 구체적인 질문으로 흐르는 '깔때기 구조(The Funnel Approach)'의 원칙을 배운다.

4단계: 신뢰도 확보하기 - 과학적 검증과 윤리적 책임(9~10장)

마지막으로, 잘 만들어진 질문이 과학으로 인정받기 위한 최종 관문을 통과한다. 9장 '질문지 검증과 실패 예방, 사전조사'에서는 연구자의 책상 위에서 완벽해 보였던 질문의 허점을 미리 발견하고 수정하는 최종 리허설의 중요성을 강조한다. 응답자의 생각 과정을 소리 내 말하게 하여 직접 들여다보는 '인지 면접(Cognitive Interviewing)', 동료 전문가에게 검토받는 '전문가 검토(Expert Review)', 소규모로 미리 조사를 수행하여 통계적 문제점을 파악하는 '시범 조사(Pilot Study)' 등의 구체적인 기법을 익힌다. 마지막 10장 '질문의 윤리'에서는 이 모든 기술적 논의가 결국 응답자와의 신뢰를 구축하는 윤리적 책임으로 귀결됨을 이해한다. 조사의 목적을 투명하게 공개하고 자발적 참여를 보장하는 '사전 동의(Informed Consent)', 응답 내용을 철저히 보호하는 '비밀 보장(Confidentiality)', 참여자에게 피해를 주지 않는 '피해 최소화(Protection from Harm)'라는 대원칙을 통해 좋은 질문의 완성이 기술이 아닌 철학에 있음을 되새기며 긴 여정을 마무리한다.

지면 너머의 이야기들:
번역, 모드, 그리고 시간의 문제

물론 10개의 장만으로 설문지 설계의 모든 것을 이야기할 수는 없다. 지면의 한계로 깊이 다루지 못한 중요한 주제들이 여전히 남아있다. 그중에서도 세 가지는 이 책의 논의를 더욱 풍부하게 만들어 줄 보이지 않는 배경이 된다.

첫째는 '번역의 등가성(Translation Equivalence)' 문제다. 세계화 시대에, 하나의 설문지를 여러 언어로 번역하여 비교 연구를 수행하는 일은 매우 흔하다. 이때 단순히 단어를 사전적으로 동일하게 옮기는 것을 넘어, 다른 문화권의 응답자들이 질문을 동일한 개념으로 이해하도록 만드는 것은 매우 어려운 과제다. 예를 들어, 영어의 '해피니스(happiness)'와 한국어의 '행복', 그리고 일본어의 '시아와세(幸せ)'는 미묘하게 다른 문화적 뉘앙스를 담고 있을 수 있다. 이를 해결하기 위해 원문을 목표 언어로 번역한 뒤 다시 원래 언어로 역번역하여 비교하는 '이중 번역(Back Translation)'과 같은 정교한 절차가 요구된다. 문화적 맥락을 무시한 번역은 비교의 타당성을 근본적으로 훼손할 수 있다.

둘째는 '조사 모드 효과(Survey Mode Effect)'다. 동일한 질문이라도 그것이 어떤 '조사 모드(Survey Mode)'에

담겨 전달되느냐에 따라 응답이 체계적으로 달라질 수 있다. 예를 들어, 민감한 질문의 경우 조사원과 얼굴을 마주하는 대면조사에서는 사회적으로 바람직한 방향으로 답하려는 경향이 강하게 나타나는 반면, 익명성이 보장되는 웹서베이에서는 더 솔직한 답변이 나올 가능성이 높다. 또한 시각 정보가 없는 전화조사에서는 응답자가 기억할 수 있는 보기의 수에 한계가 있지만, 웹서베이에서는 훨씬 더 복잡한 질문 설계가 가능하다. 연구자는 자신이 사용할 조사 모드의 특성을 깊이 이해하고 그에 최적화된 방식으로 질문을 설계해야만 측정 오류를 줄일 수 있다.

셋째는 '시간의 흐름 속에서의 측정 문제'다. 동일한 개인이나 집단을 오랜 기간 추적하는 '종단 연구(Longitudinal Study)'에서는 질문의 일관성을 유지하는 것이 매우 중요하다. 10년 전에 사용했던 질문을 오늘날에도 그대로 사용할 수 있을까? 그 사이 단어의 의미나 사회적 맥락이 변하지는 않았을까? 예를 들어 10년 전 '가장 선호하는 미디어'를 묻는 질문의 보기에 '유튜브'가 없었다면, 오늘날 그 질문은 더 이상 유효하지 않다. 시간의 흐름에도 측정의 일관성을 유지하고, 시대 변화에 맞춰 질문을 수정하되 과거 데이터와의 비교 가능성을 잃지 않도록 설계하는 것 또한 고도의 전문성을 요구하는 영역이다.

더 나은 질문을 향한 제언

이 책의 모든 논의는 궁극적으로 하나의 목표로 수렴한다. '어떻게 하면 질문을 통해 더 진실에 가까운 데이터를 얻고, 더 나은 의사 결정을 내릴 수 있는가?' 이 질문에 답하기 위해, 이 책은 기술적 방법론을 넘어 데이터를 다루는 연구자가 갖춰야 할 비판적 시각과 윤리적 책임감을 강조한다.

질문을 던지는 행위는 단순히 정보를 얻는 중립적인 과정이 아니다. 그것은 응답자의 소중한 시간을 요구하고, 내밀한 생각을 들여다보며, 때로는 불편한 기억을 소환하게 하는, 연구자에게 주어진 일종의 '권력'일 수 있다. 좋은 질문이란 날카로운 논리와 과학적 설계 위에, 응답자를 향한 존중과 윤리적 책임감이라는 따뜻한 마음이 더해질 때 비로소 완성된다. 연구자가 응답자를 자신과 동등한 인격체이자 연구의 성공을 위한 가장 중요한 파트너로 대할 때, 응답자 역시 가장 진실하고 성실한 데이터로 그 마음에 보답할 것이다.

좋은 질문을 만드는 기술은, 곧 좋은 연구자가 되어가는 과정 그 자체다. 이 책과 함께 현실을 맑게 비추는 '거울'을 닦는 지혜로운 여정을 시작하기를 바란다.

01

좋은 질문의 목표와 기본 원칙

좋은 질문의 완성은 문장이 아닌 '설계'에 있다. 우리는 응답자가 질문을 다르게 해석해서가 아니라, 측정하려는 속성 자체의 실제 차이를 반영하는 '표준화'된 측정을 추구해야 한다. 모든 응답자에게 동일한 의미의 '자'로 작동하는 질문만이 비로소 과학적 비교를 가능하게 한다.

좋은 질문의 두 가지 목표

설문지의 모든 질문은 단 하나의 목적, 즉 '정확한 측정'을 위해 존재한다. 여기서 정확한 측정(Accurate Measurement)이란 연구자가 알고자 하는 추상적인 '개념(Concept)'을 응답자의 '응답(Response)'을 통해 최대한 오차 없이 포착해 내는 과정을 의미한다. 저명한 설문 설계 전문가인 플로이드 파울러(Floyd J. Fowler, Jr.)는 그의 저서에서 좋은 질문이 되기 위해서는 두 가지 핵심적인 목표를 동시에 달성해야 한다고 강조한다.

첫 번째 목표는 연구 목적에 부합하는 정보를 이끌어내는 것이다. 질문은 연구자가 설정한 연구 가설을 검증하거나 연구 질문에 답하는 데 반드시 필요한 정보를 얻기 위한 도구다. 만약 질문이 연구 목적과 무관하다면, 그 질문으로 얻은 데이터는 분석 과정에서 아무런 가치를 갖지 못한다. 예를 들어, '조직 내 소통 방식'을 연구하고자 한다면, 질문은 "소통에 만족하십니까?"와 같이 막연해서는 안 된다. '상사와의 수직적 소통', '동료와의 수평적 소통', '공식 채널을 통한 정보 공유' 등 연구 목적에 맞게 개념을 구체적으로 조작적 정의(Operational Definition)를 하고, 그에 맞는 정보를 이끌어내는 질문을 만들어야 한다. 연구와 무관한 호기심을 충족시키기 위한 질문이나 분석 계

획이 서 있지 않은 질문은 응답자의 시간과 인지적 노력을 낭비하게 할 뿐만 아니라 설문 전체의 길이를 늘려 응답의 질을 떨어뜨리는 원인이 된다. 모든 질문은 "이 질문을 통해 얻은 데이터를 어떻게 분석하여 연구 가설을 검증할 것인가?"라는 물음에 명확히 답할 수 있어야 한다.

두 번째 목표는 응답자가 정확하고 완전한 정보를 제공하도록 동기를 부여하는 것이다. 아무리 연구 목적에 잘 부합하는 질문이라도, 응답자가 그 질문을 이해하지 못하거나, 답을 모르거나, 혹은 솔직하게 답하고 싶지 않다면 아무런 소용이 없다. 설문조사는 연구자와 응답자 간의 일방적인 정보 수집 과정이 아닌, 상호 협조에 기반한 '구조화된 대화'다. 이 대화가 성공적으로 이루어지기 위해서는 응답자의 협조를 최대한 이끌어내는 질문 설계가 필수적이다. 이는 응답자가 자신의 시간과 노력을 들여 성실히 답변했을 때, 그 응답이 가치 있는 연구에 기여할 것이라는 믿음을 주는 과정이기도 하다. 만약 질문이 응답자를 존중하지 않거나 과도한 부담을 준다면, 응답자는 이 암묵적인 신뢰 관계를 깨고 대화에서 이탈(무응답)하거나 불성실한 답변을 하게 될 것이다. 즉, 좋은 질문은 연구자의 필요와 응답자의 능력을 모두 고려해야만 탄생할 수 있다.

정확한 측정을 위한 기본 원칙

앞선 두 가지 목표를 달성하기 위해, 좋은 질문은 몇 가지 기본적인 원칙들을 충족해야 한다.

첫째는 명확성(Clarity)과 비모호성(Unambiguity)이다. 좋은 질문의 제1원칙은 모든 응답자가 질문을 동일한 의미로 해석하는 것이다. 만약 "귀하는 평소에 외식을 자주 하십니까?"라고 묻는다면, '평소에'라는 기간, '외식'의 범위(배달 음식 포함 여부), '자주'라는 빈도에 대한 해석이 사람마다 달라질 수 있다. 이는 심각한 측정 오류를 낳는다. 앤서니 오펜하임(Anthony N. Oppenheim)은 모호한 단어가 연구자가 의도하지 않은 다양한 응답을 낳는 주범이라고 지적한다. 마찬가지로 "최근 우리 사회의 발전에 대해 어떻게 생각하십니까?"와 같은 질문 역시 '최근'의 기간과 '사회 발전'의 의미(경제적, 문화적, 정치적)가 불분명하여 좋은 질문이라 할 수 없다. 따라서 질문은 "지난 일주일 동안, 저녁 식사를 위해 식당을 방문하거나 음식을 포장해 온 횟수는 며칠입니까?"와 같이 모든 응답자가 동일하게 이해할 수 있도록 구체적이고 명확한 단어로 구성되어야 한다.

둘째는 응답 가능성(Feasibility)이다. 질문은 응답자가 실제로 경험하고, 기억하며, 답할 수 있는 내용이어야 한다. 예를 들어, 일반인에게 "지난 1년간 구매한 모든 의류 비용은 총 얼마입니까?"라고 묻는 것은 대부분의 사람이 정확한 정보를 기억하지 못하므로 나쁜 질문이다. 이 경우 응답자는 대답을 포기하거나 어림짐작으로 부정확한 답을 할 가능성이 높다. 질문은 응답자의 기억력의 한계를 고려하여, '지난 한 달간' 혹은 '최근 구매한'과 같이 응답 가능한 범위로 한정해야 한다. 또한 응답자가 해당 주제에 대해 알지 못하는 내용을 물어서는 안 된다. 예를 들어, 특정 정책의 구체적인 조항에 대한 의견을 묻기 전에, 해당 정책에 대해 들어본 적이 있는지 먼저 확인하는 절차가 필요하다.

셋째는 응답 의지(Willingness)다. 응답자가 답할 능력이 있더라도, 그 정보를 솔직하게 밝힐 의지가 없다면 정확한 데이터를 얻을 수 없다. 특히 소득, 사생활, 비도덕적 행위 등 사회적으로 민감한 주제를 다룰 때 이 문제가 두드러진다. 질문이 응답자에게 위협적이거나 불안하게 느껴진다면, 응답자는 답변을 거부하거나 사회적으로 바람직해 보이는 방향으로 응답을 왜곡할 것이다. 예를 들어 "당신은 책임감 있는 시민으로서 선거에 항상 참여하십니까?"라는 질문은 응답자가 실제 투표 여부와 관계없이 '그렇다'고 답하도록 압력을 가한다. 이는 이후에 다룰 '사회적 바람직성 편향'의 대표적인 예다. 따라서 연구자는 질문의 어조를 중립적으로 유지하고 응답의 비밀 보장을 약속하는 등 응답자가 솔직하게 답할 수 있도록 심리적 안정감을 제공해야 한다.

표준화, 모든 측정의 전제 조건

결국 이 모든 원칙들이 지향하는 단 하나의 목표는 바로 '측정의 표준화(Standardization)'다. 이는 설문조사가 과학으로 인정받기 위한 가장 근본적인 전제 조건이다. 플로이드 파울러는 표준화된 측정이란 "서로 다른 응답자들에게서 나온 응답의 차이가, 그들이 질문을 다르게 해석했기 때문이 아니라, 측정하려는 속성 자체의 실제 차이를 반영하는 것"이라고 정의한다.

마치 우리가 여러 사람의 키를 잴 때 모두가 동일한 '센티미터(cm)' 눈금이 새겨진 자를 사용해야 의미 있는 비교가 가능한 것처럼, 설문의 질문 역시 모든 응답자에게 동일한 의미의 '자'로 작동해야 한다. 응답자 A와 B가 모두 특정 정책에 '찬성'이라고 답했을 때, 우리는 두 사람이 동일한 질문에 대해 동일한 척도 위에서 자신의 입장을 표현했다고 믿을 수 있어야 한다. 만약 질문이 모호하거나 유도적이어서 두 사람이 '찬성'의 의미를 다르게 해석했다면, 그 데이터는 더 이상 비교 가능한 과학적 자료가 될 수 없다. 이 경우 응답의 차이는 실제 의견의 차이가 아닌, 질문 해석의 차이에서 비롯된 '측정 오류'일 뿐이다.

따라서 명확한 단어를 사용하고, 응답자의 부담을 줄이며, 중립성을 유지하려는 모든 노력은 결국 '표준화'라는 설문조사의 과학적 토대를 쌓기 위한 과정이다. 좋은 질문은 응답자 모두에게 동일한 자극을 제공함으로써, 비로소 개인의 의견 차이라는 '진짜 신호(signal)'를 측정 오류라는 '소음(noise)'으로부터 분리해 낼 수 있게 된다. 표준화에 실패한 측정은 소음만 가득한 데이터만을 남길 뿐이며, 이는 연구의 신뢰도를 근본적으로 훼손한다.

참고문헌

Fowler, F. J., Jr.(1995). Improving survey questions: Design and evaluation. Sage Publications, Inc.

Oppenheim, A. N.(2000). Questionnaire design, interviewing, and attitude measurement (New ed.). Continuum.

Sudman, S., & Bradburn, N. M.(1982). Asking Questions: A Practical Guide to Questionnaire Design. Jossey-Bass.

02

질문에 답하는 4단계 인지 과정

응답자의 머릿속은 연구자가 던진 질문을 그대로 비추는 거울이 아니다. 질문을 이해하고, 기억을 인출하며, 판단을 거쳐 최종 응답을 내놓기까지, 응답자의 머릿속에서는 정교한 인지적 활동이 일어난다. 이 4단계 여정의 함정을 이해하지 못한 질문은 진실이 아닌 인지적 오류의 산물만을 얻게 될 것이다.

응답 과정은 단순한 '반사'가 아니다

우리는 종종 응답자가 질문을 보자마자 마법처럼 즉시 답을 한다고 착각한다. 하지만 그 짧은 순간 응답자의 머릿속에서는 매우 복잡하고 정교한 인지적 활동이 일어난다. 설문조사 방법론의 대가인 시모어 서드먼(Seymour Sudman)과 노먼 브래드번(Norman M. Bradburn)은 그들의 기념비적 저서 『질문하기(Asking Questions)』에서, 설문 응답 과정이 단순한 자극-반응이 아니라 여러 단계의 인지적 과업(cognitive tasks)으로 이루어져 있음을 밝혔다.

이러한 인지 과정에 대한 이해 없이 만들어진 질문은, 응답자에게 길도 알려주지 않고 험난한 산을 오르라고 요구하는 것과 같다. 연구자 중심적으로 설계된 질문 앞에서 응답자는 길을 잃고 헤매다 엉뚱한 곳에 도착(부정확한 응답)하거나 등반 자체를 포기(무응답)해 버릴 것이다. 연구자가 응답자에게 가하는 인지적 부담을 고려하지 않는 것은 설계의 오만이다. 응답자는 연구자의 의도를 완벽하게 파악하고, 자신의 모든 경험을 정확히 기억하며, 그 기억을 바탕으로 객관적인 판단을 내리고, 그 판단을 아무런 왜곡 없이 솔직하게 표현해 줄 의무가 없다. 따라서 좋은 질문을 만들기 위해서는 연구자의 관점을 '내가 무엇을 물어볼 것인가'에서 '응답자는 이 질문에 어떻게 답할 것인가'로 전환해야 한다. 이 장의 목표는 바로 응답자의 머릿속에서 일어나는 여정을 이해함으로써, 연구자와 응답자 사이에 놓인 인지적 간극을 메우는 다리를 놓는 것이다.

응답의 4단계 인지 모델

설문 응답 과정에 대한 가장 영향력 있는 모델은 크게 네 단계로 구성된다. 이 모델은 응답자가 겪는 심리적 과정을 순차적으로 보여줌으로써, 각 단계에서 어떤 종류의 측정 오류가 발생할 수 있는지 명확히 이해하게 돕는다.

첫 번째 단계는 질문의 이해(Comprehension)다. 이는 응답자가 질문의 의도를 연구자가 의도한 바와 정확히 동일하게 파악하는 과정으로, 모든 측정의 출발점이다. 플로이드 파울러는 응답자가 질문의 핵심 키워드를 해석하는 과정에서 오해가 발생할 수 있다고 지적한다. 예를 들어, "최근 건강검진을 받으셨습니까?"라는 질문에서 '최근'이라는 기간이나 '건강검진'의 범위(국가 검진, 개인 종합 검진, 직장 검진 등)는 응답자마다 제각각일 수 있다. 또한 "귀하의 가정에서는 자녀 교육 문제에 대해 어떻게 생각하십니까?"라는 질문에서 '문제'라는 단어는 '어려움(problem)'으로 해석될 수도, '사안(issue)'으로 해석될 수도 있어 응답의 방향을 완전히 달라지게 할 수 있다. 이처럼 단어의 정의나 범위가 불분명하면, 응답자들은 각자의 방식대로 질문을 해석하고 답하게 되어 측정의 표준화를 저해하는 가장 큰 요인이 된다. 따라서 연구자의 과업은 응답자가 해석할 필요가 없도록 "지난 2년 이내에, 국민건강보험공단에서 실시하는 국가 건강검진을 받으신 적이 있습니까?"와 같이 구체적인 단어와 명확한 범위를 제시하는 것이다.

두 번째 단계는 정보의 인출(Retrieval)이다. 질문을 이해한 응답자는 자신의 장기 기억(long-term memory) 속에서 관련 정보를 검색하고 끄집어내는 과정을 시작한다. 하지만 인간의 기억은 완벽한 비디오테이프가 아니라 시간이 지나면서 희미해지고(fading), 다른 기억과 뒤섞이며(interference), 현재의 시점에서 재구성되는 불완전한 기록이다. "지난 1년간 치약을 몇 개나 구매하셨습니까?"와 같이 사소하고, 반복적이며, 오래된 사건일수록 정확한 기억을 인출하기는 극도로 어려워진다. 이때 응답자들은 기억에 의존하는 대신 '보통 한 달에 치약을 하나 정도 쓰니까, 작년에는 열두 개쯤 썼겠군'과 같이 어림짐작(estimation)이라는 인지적 전략을 사용하게 되며, 이 추정 과정은 필연적으로 오차를 동반한다. 연구자는 응답자의 기억 부담을 최소화할 수 있도록 질문의 기간을 합리적인 수준(예: 지난 한 달)으로 좁혀 주거나, '이사를 오신 이후로'와 같이 특정 기준점을 제시하여 기억을 더듬을 수 있는 단서를 제공하는 노력을 기울여야 한다.

세 번째 단계는 판단 및 추정(Judgment)이다. 기억 속에서 인출된 정보가 불완전하거나 여러 개일 경우, 응답자는 이를 바탕으로 최종적인 답변을 구성하기 위한 판단 과정을 거친다. "전반적인 직무 만족도는 어떻습니까?"라는 질문에 답하기 위해, 응답자는 자신의 보수, 업무 환경, 동료 관계, 성장 가능성 등 다양한 측면의 만족도를 머릿속에서 종합하여 하나의 판단을 형성한다. 이때 응답자는 모든 정보를 공평하게 고려하기보다, 현재의 기분이나 가장 쉽게 떠오르는 정보(가용성 휴리스틱)와 같은 정신적 지름길을 사용하는 경향이 있다. 이 판단 과정은 특히 질문의 맥락에 큰 영향을 받는다. 만약 직무 만족도를 묻기 직전에 상사와의 갈등 경험에 대해 물었다면, 응답자는 그 부정적인 기억에 더 큰 가중치를 두어 직무 만족도를 실제보다 더 낮게 평가할 수 있다. 이는 이후에 다룰 '맥락 효과'의 핵심적인 작동 원리다.

마지막 네 번째 단계는 응답의 선택 및 편집(Response)이다. 응답자는 자신의 머릿속에서 내린 판단을 설문지에 제시된 응답 보기 형식에 맞춰 표현한다. 중요한 것은, 이 단계에서 응답자는 자신의 '진짜 생각'을 그대로 표현하지 않고, 사회적 시선을 의식하여 한 번 더 '편집(editing)'하는 과정을 거칠 수 있다는 점이다. "당신은 선거에 항상 참여하는 책임감 있는 시민입니까?"라는 질문에 실제로는 투표를 몇 번 빠뜨렸더라도 '그렇다'고 답하려는 사회적 바람직성 편향(Social Desitability Bias)이 대표적인 예다. 독서량, 운동 횟수, 기부 경험 등 사회적으로 권장되는 행동은 과대 보고되고, 편견이나 비윤리적 행동과 같이 바람직하지 않은 내용은 과소 보고되는 경향이 있다. 연구자는 응답자가 최대한 솔직하게 답할 수 있도록 질문을 중립적으로 구성하고 익명성을 보장하는 등의 노력을 기울여야 한다.

좋은 질문의 역할: 4단계 여정의 친절한 안내자

결론적으로, 좋은 질문이란 응답자가 거쳐야 하는 이 4단계의 험난한 인지적 여정을 무사히, 그리고 최대한 정확하게 완수할 수 있도록 돕는 '친절한 안내자'와 같아야 한다. 이는 1장에서 다룬 좋은 질문의 원칙들과 직접적으로 연결된다. 명확한 단어로 길을 알려주는 것은 명확성(Clarity)의 원칙을 지키는 것이고, 너무 먼 과거를 묻지 않는 것은 응답 가능성(Feasibility)을 고려하는 것이며, 객관적으로 상황을 평가하게 돕는 것은 질문의 중립성을 지키는 일이다. 마지막으로 솔직하게 말해도 괜찮다는 신뢰를 주는 것은 응답자가 답변을 왜곡하지 않도록 응답 의지(Willingness)를 북돋는 과정이다.

연구자는 응답자의 인지적 노력을 최소화하고 측정 오류의 가능성을 줄여주는 친절한 안내자가 되어야 하며, 그러한 노력 없이는 과학적 측정이 아닌 단순한 의견 수렴에 그치게 됨을 명심해야 한다.

참고문헌

Fowler, F. J., Jr.(1995). Improving survey questions: Design and evaluation. Sage Publications, Inc.

Oppenheim, A. N.(2000). Questionnaire design, interviewing, and attitude measurement (New ed.). Continuum.

Sudman, S., & Bradburn, N. M.(1982). Asking Questions: A Practical Guide to Questionnaire Design. Jossey-Bass.

03

개방형 질문과 폐쇄형 질문

질문의 형식은 응답의 자유도를 결정하는 설계의 첫 단추다. 연구자의 예측 안에 응답을 가두는 폐쇄형 질문은 효율적이지만 현실 왜곡의 위험을 안고 있으며, 예상 밖의 통찰을 주는 개방형 질문은 응답과 분석에 막대한 비용을 치른다. 둘의 우열을 논하는 대신, 연구 목적에 따라 둘을 전략적으로 결합하는 지혜가 필요하다.

두 가지 질문 형식의 본질적 차이

하나의 개념을 측정하는 질문을 만들기로 했다면, 연구자는 곧바로 두 가지 기본적인 질문 형식, 즉 개방형(Open-ended)과 폐쇄형(Closed-ended) 질문 중 하나를 선택해야 하는 기로에 서게 된다. 이 선택은 설문 설계 과정에서 가장 근본적인 결정 중 하나로, 이후에 얻게 될 데이터의 종류와 질, 나아가 분석의 방향성까지 근본적으로 결정한다. 앤서니 오펜하임(Anthony N. Oppenheim)은 이 두 형식을 응답자에게 '자유'를 얼마나 부여하는지에 따라 구분한다.

폐쇄형 질문은 "다음 중 귀하가 선호하는 계절은 무엇입니까? [①봄 ②여름 ③가을 ④겨울]"과 같이, 연구자가 미리 설정한 응답 보기 중에서 하나 혹은 여러 개를 선택하게 하는 방식이다. 이는 응답자의 답변 범위를 연구자가 의도한 틀 안에 가두는, 고도로 구조화(structured)된 질문 형식이다. 연구자가 데이터를 수집하기 전에 이미 데이터의 구조를 결정한다는 의미에서 '사전 코딩(pre-coded)'된 질문이라고도 할 수 있다. 응답 데이터가 미리 정해진 범주에 따라 즉시 계량화되므로, 대부분의 양적 연구(quantitative research)는 통계 분석의 용이성 때문에 폐쇄형 질문을 중심으로 구성된다.

반면 개방형 질문은 "귀하가 가장 선호하는 계절과 그 이유는 무엇입니까? [ ]"와 같이, 응답자가 자신의 생각과 언어로 자유롭게 답변을 작성하게 하는 방식이다. 이는 응답자에게 표현의 자유를 최대한 허용하여, 깊고 풍부한 정보를 얻고자 할 때 사용되는 비구조화(unstructured)된 질문 형식이다. 연구자는 응답을 통해 데이터의 범주를 발견하고 사후에 구조화하는 과정을 거친다. 이 두 가지 형식은 마치 화가에게 미리 정해진 색깔만 사용하여 색칠 공부를 하게 하는 것(폐쇄형)과, 빈 캔버스를 주고 마음껏 그림을 그리게 하는 것(개방형)의 차이와 같다.

폐쇄형 질문의 효율성과 위험

폐쇄형 질문은 현대 설문조사의 뼈대를 이룬다. 그 이유는 압도적인 효율성 때문이다. 응답자 입장에서는 질문을 읽고 보기 중 하나를 선택하기만 하면 되므로 응답하기 쉽고 빠르다. 이는 기억을 더듬어 문장을 구성해야 하는 인지적 부담을 크게 낮춰주며, 결과적으로 응답 과정의 피로도를 줄여 중도 이탈률을 낮추는 데 도움이 된다. 연구자 입장에서는 모든 응답이 미리 정해진 범주에 따라 코딩(coding)되므로, 데이터를 즉시 계량화하고 통계 분석하기가 매우 용이하다. 'A를 선택한 사람은 35%'와 같이 명확한 수치를 얻을 수 있어 결과 보고가 명료하다.

하지만 이러한 효율성의 이면에는 두 가지 큰 위험이 도사리고 있다. 첫째는 연구자의 예측 실패 위험이다. 폐쇄형 질문은 연구자가 모든 중요한 응답을 예측하고 있다는 가정하에 성립한다. 예를 들어 '우리 사회의 가장 심각한 문제'를 묻는 질문에 연구자가 [①경제 양극화 ②정치 갈등 ③환경오염]만을 보기로 제시했다고 하자. 만약 응답자 상당수가 '저출산 · 고령화'를 가장 심각한 문제로 생각한다면, 이 중요한 의견은 설문 결과에서 완전히 사라지게 된다. 연구자의 예측이 틀리는 순간, 조사 전체가 현실을 왜곡하는 결과를 낳는 것이다.

둘째는 응답자를 강제로 선택하게 만드는 위험이다. 제시된 보기가 응답자의 생각과 정확히 일치하지 않을 경우, 응답자는 울며 겨자 먹기로 가장 비슷하다고 생각하는 보기를 선택하거나, 혹은 아무렇게나 답하게 되어 측정의 정확성이 떨어진다. 이러한 강제 선택은 응답자에게 심리적 좌절감을 줄 수 있으며, 일부 응답자는 '대충 아무거나 선택하고 넘어가려는' 태도(satisficing)를 보이게 되어 데이터의 질을 심각하게 훼손할 수 있다. 이는 응답자의 진정한 의견이 아닌, 주어진 틀 안에서의 '어쩔 수 없는 선택'을 측정하게 되는 오류를 범하게 한다.

개방형 질문의 통찰과 비용

개방형 질문은 바로 이 폐쇄형 질문의 위험을 보완하는 중요한 역할을 한다. 가장 큰 장점은 연구자가 미처 예상하지 못했던 새롭고 풍부한 답변을 얻을 수 있다는 점이다. 응답자는 자신의 언어로 생각의 결을 섬세하게 표현할 수 있으며, 연구자는 이를 통해 현상에 대한 깊이 있는 통찰을 얻게 된다. 특히, 특정 주제에 대한 사전 정보가 부족한 탐색적 연구(Exploratory research) 초기 단계나, 특정 행동의 '왜(Why)'에 해당하는 이유나 동기를 파악하고자 할 때 개방형 질문은 탁월한 힘을 발휘한다. 예를 들어 "A 제품을 구매한 이유가 무엇입니까?"라는 개방형 질문은 마케팅 담당자가 전혀 생각지 못했던 새로운 고객 가치를 발견하게 해 줄 수 있다. 또한 응답자의 생생한 언어는 통계 수치만으로는 전달할 수 없는 강력한 설득력을 가지며, 보고서의 질을 높이는 데 기여한다.

하지만 이러한 통찰에는 비싼 '비용'이 따른다. 첫째, 응답자는 직접 답변을 머릿속으로 구상하고, 그것을 글로 입력해야 하는 상당한 인지적 · 시간적 노력을 들여야 한다. 이 때문에 개방형 질문은 종종 응답의 중도 이탈을 유발하는 주된 원인이 된다. 둘째, 연구자는 수백, 수천 개의 주관식 답변을 일일이 읽고, 비슷한 내용끼리 묶어 범주화하고 숫자로 변환하는, 매우 지난하고 시간이 많이 걸리는 '코딩(Coding)' 작업을 거쳐야만 한다. 이 코딩 과정은 단순히 답변을 분류하는 것을 넘어, 응답 내용에 근거하여 코딩 규칙을 개발하고, 여러 명의 코더가 동일한 규칙에 따라 일관되게 코딩했는지(코더 간 신뢰도) 검증하는 등 분석가의 주관을 최소화하기 위한 엄격한 절차를 요구한다.

전략적 선택과 결합

결론적으로, 두 질문 유형은 우열의 관계가 아니라 상호 보완적인 관계에 있다. 현명한 연구자는 이분법적 선택을 넘어, 연구의 목적과 단계에 따라 두 가지를 전략적으로 결합하여 사용한다.

가장 대표적인 방법은 탐색 단계를 거친 폐쇄형 질문을 개발하는 것이다. 특정 주제에 대해 아는 바가 거의 없는 연구 초기 단계에서는, 소수의 사람들을 대상으로 개방형 질문을 먼저 던져 어떤 종류의 답변들이 존재하는지 그 범주를 파악한다. 이후 본조사 단계에서는 탐색 단계에서 얻은 답변들을 바탕으로, 포괄적이고 완성도 높은 폐쇄형 질문 보기를 구성하여 대규모 조사를 실시한다. 이는 폐쇄형 질문의 가장 큰 약점인 '연구자의 예측 실패 위험'을 최소화하는 가장 과학적인 접근법이다.

또한 하나의 질문 세트 안에서 두 형식을 결합하는 방식도 널리 사용된다. 예를 들어, "Q1. 다음 중 저희 서비스에 만족하는 부분은 무엇입니까?(모두 선택)"와 같이 폐쇄형 질문으로 '무엇'을 선호하는지 물은 뒤, 그 이유를 묻는 "Q2. 위와 같이 응답하신 구체적인 이유는 무엇입니까?"라는 개방형 질문을 바로 뒤에 배치하여 응답의 깊이를 더하는 방식이다. 이는 폐쇄형 질문의 효율성과 개방형 질문의 통찰력을 동시에 얻을 수 있는 실용적인 방법이다. 마지막으로 폐쇄형 질문에 '기타(직접 입력:)' 항목을 추가하는 것 역시 두 형식의 장점을 결합한 현명한 타협안이 될 수 있다. 궁극적으로 질문의 형식을 선택하는 것은, '측정의 효율성'과 '통찰의 깊이' 사이에서 연구 목적에 가장 적합한 균형점을 찾아가는 과정이라 할 수 있다.

참고문헌

Fowler, F. J., Jr.(1995). Improving survey questions: Design and evaluation. Sage Publications, Inc.

Oppenheim, A. N.(2000). Questionnaire design, interviewing, and attitude measurement (New ed.). Continuum.

Sudman, S., & Bradburn, N. M.(1982). Asking Questions: A Practical Guide to Questionnaire Design. Jossey-Bass.

04

객관식 보기의 원칙

폐쇄형 질문의 완성은 응답 보기에 달려있다. 모든 가능한 응답을 포함하는 '포괄성'과 각 보기의 의미가 겹치지 않는 '상호 배타성'은 타협할 수 없는 대원칙이다. 나아가 보기의 순서와 균형, 측정하려는 개념의 속성에 맞는 단극형 · 양극형 척도의 올바른 선택이 데이터의 신뢰도를 결정한다.

좋은 보기의 두 가지 대원칙

폐쇄형 질문의 품질은 질문 문장만큼이나 응답자가 선택해야 할 보기(Response Options)의 완성도에 의해 결정된다. 아무리 질문이 명확해도 보기가 부실하면 응답자는 길을 잃고 데이터는 신뢰를 잃는다. 플로이드 파울러는 좋은 응답 보기가 갖추어야 할 핵심적인 원칙으로 '포괄성(Exhaustiveness)'과 '상호 배타성(Mutual Exclusivity)'을 제시하며, 이 두 원칙이 지켜지지 않으면 측정 자체가 성립할 수 없다고 강조한다. 이 원칙들은 모든 범주형 질문의 논리적 토대다.

첫째, 포괄성이란 제시된 보기가 모든 가능한 응답을 포함해야 한다는 원칙이다. 만약 어떤 응답자가 자신의 상황에 맞는 보기를 찾지 못한다면, 그는 좌절감을 느끼고 응답을 포기하거나, 아무 보기나 찍게 되어 측정 오류를 유발할 것이다. 예를 들어 "귀하의 주된 출퇴근 교통수단은 무엇입니까?"라는 질문에 [① 버스 ② 지하철 ③ 자가용]만 제시한다면 자전거나 도보, 택시 이용자는 답할 곳이 없다. 따라서 연구자는 사전 조사를 통해 가능한 모든 응답 범주를 포함시키려 노력하고, 미처 예측하지 못한 응답을 위해 '기타' 항목을 포함하는 것이 안전하다. '기타' 항목은 연구자의 불완전한 예측에 대한 중요한 안전망이

자, 모든 응답자에게 일종의 '출구'를 마련해주는 장치다.

둘째, 상호 배타성이란 각 보기는 그 의미가 명확히 구분되어 서로 겹치지 않아야 한다는 원칙이다. 한 응답이 여러 보기에 동시에 해당될 수 있다면, 응답자는 혼란에 빠지고 데이터의 일관성이 깨져 분석이 불가능해진다. 예를 들어 "귀하의 연령대는 어디에 해당합니까?"라는 질문에 [① 10~20세 ② 20~30세 ③ 30~40세]와 같이 보기를 제시하면, 20세나 30세인 사람은 어디에 답해야 할지 알 수 없다. 이는 데이터를 오염시키는 치명적인 설계 오류이다. 각 범주의 경계는 [① 10~19세 ② 20~29세 ③ 30~39세]와 같이 명확히 하여, 하나의 응답이 단 하나의 보기에만 해당되도록 설계해야 한다. 현대 조직의 직무처럼 개념의 경계가 모호한 경우에도 "다음 중 귀하의 주된 업무 영역은 무엇입니까? 가장 가깝다고 생각하는 것 하나만 선택해 주십시오"와 같이 명확한 지시문을 제공하여 이 원칙을 지켜야 한다.

보이지 않는 손, 보기의 순서와 균형

이 두 가지 대원칙을 지켰다 하더라도, 보기의 미묘한 순서나 배열 방식이 응답에 '보이지 않는 손'처럼 작용할 수 있다. 먼저 순서 효과(Order Effects)는 응답 보기의 순서가 응답 결과에 체계적인 영향을 미치는 것을 말한다. 웹이나 지면 조사에서는 목록의 앞부분에 제시된 보기를 선택하는 경향인 '초두 효과(Primacy Effect)'가, 청각에만 의존하는 전화조사에서는 마지막에 들은 보기를 선택하는 경향인 '최신 효과(Recency Effect)'가 나타나기 쉽다. 이러한 편향을 줄이기 위해 논리적 순서(예: 연령, 소득)가 없는 보기들은 응답자마다 순서를 무작위로 배열(Randomization)하는 것이 가장 좋은 방법이다.

다음으로는 균형성(Balance)이다. 태도 척도의 보기는 긍정적인 보기와 부정적인 보기가 대칭을 이루어야 한다는 원칙이다. 여기서 균형은 두 가지 차원에서 고려되어야 한다. 언어적 균형은 긍정과 부정의 방향에 사용되는 수식어의 대칭성을 의미한다. [① 매우 만족 ② 약간 만족 ③ 보통 ④ 약간 불만족 ⑤ 매우 불만족]과 같이 중립점을 기준으로 '매우'와 '약간'이라는 단어가 대칭적으로 사용되어야 언어적으로 균형 잡힌 척도라고 할 수 있다. [① 매우 만족 ② 만족 ③ 보통 ④ 불만족]과 같이 긍정 보기가 부정 보기보다 많은 '불균형 척도'는 결과를 긍정적인 방향으로 왜곡할 수 있다. 더 나아가 개념적 균형은 각 척도점 사이의 심리적, 개념적 거리가 동등하게 느껴져야 함을 의미한다. 응답자가 느끼는 '항상'과 '자주' 사이의 거리와 '가끔'

과 '전혀' 사이의 심리적 거리가 비슷해야 개념적으로 균형 잡힌 등간(interval) 척도라 할 수 있다. 완벽한 개념적 균형을 이루는 어휘를 찾는 것은 매우 어렵지만, 연구자는 사전조사 등을 통해 응답자가 각 보기 사이의 간격을 최대한 비슷하게 인식하도록 노력해야 한다.

단극형 척도와 양극형 척도의 구분

평가 척도는 측정하려는 개념의 속성에 따라 단극형과 양극형으로 구분되며, 이를 올바르게 선택하는 것이 매우 중요하다. 연구자는 "측정하려는 개념이 자연스러운 반대 개념을 가지는가, 아니면 단순히 양이나 정도가 0에서부터 증가하는가?"라는 질문을 통해 둘을 구분할 수 있다.

양극형 척도(Bipolar Scale)는 '만족-불만족', '찬성-반대', '좋다-싫다'와 같이 두 개의 상반된 개념이 양쪽 극단에 존재하고, 그 사이에 개념적인 중간점이 있는 척도다. 이 척도는 특정 태도의 '방향성'(긍정인가 부정인가)과 그 '강도'를 동시에 측정한다. 질문은 보통 "OOO에 대해 얼마나 만족 혹은 불만족하십니까?"와 같이 양극단의 개념을 모두 포함하여 묻는다.

반면 단극형 척도(Unipolar Scale)는 하나의 개념이 '전혀 없음(0)'의 상태에서 시작하여 '매우 많음(최대)'의 상태까지, 그 양이나 정도를 측정하는 척도다. 예를 들어 '중요도(전혀 중요하지 않다~매우 중요하다)', '빈도(전혀 하지 않는다~항상 한다)', '동의 수준(전혀 동의하지 않는다~매우 동의한다)' 등이 해당된다. 여기에는 개념적 반대편이 존재하지 않으며, 오직 하나의 속성이 얼마나 존재하는지 만을 측정한다.

이 둘을 구분하는 것은 매우 중요하다. 예를 들어, '슬픔'이라는 감정의 정도를 측정하고 싶다면 '전혀 슬프지 않다'에서 '매우 슬프다'로 이어지는 단극형 척도가 적합하다. 만약 이를 '행복-슬픔'이라는 양극형 척도로 잘못 측정하면 '슬프지 않음'이 곧 '행복함'을 의미하지 않는 경우를 제대로 포착할 수 없게 된다. 이는 측정하려는 개념의 본질을 왜곡하는 심각한 오류를 낳는다.

특별한 보기들의 역할: '중립'과 '모름'의 전략적 사용

연구자들은 종종 '보통/중립'이나 '모름/의견 없음' 보기를 포함해야 할지 고민에 빠진다. 먼저 '보통/중립' 보기는 양극형 척도에서, 정말로 특정 사안에 대해 긍정적이지도 부정적이지도 않은 태도를 가진 사람들에게 솔직한 응답의 길을 열어준다. 일부 연구에서는 응답자들이 고민 없이 중간을 선택하는 것을 막기 위해 중립점을 의도적으로 제거(강제 선택)하기도 한다. 하지만 진정으로 중립적인 의견을 가진 사람에게 억지로 찬성이나 반대를 강요하는 것은, 응답을 왜곡하여 더 심각한 측정 오류를 낳을 수 있다. 따라서 분석 과정에서 중립 응답의 의미를 명확히 해석할 수 있다면, 태도를 묻는 질문에는 가급적 중립점을 포함하는 것이 좋다.

'모름/의견 없음(Don't Know)' 보기는 '중립'과 전혀 다른 의미로, 응답자가 해당 질문에 답할 정보나 경험이 없다는 뜻이다. 이는 태도의 부재, 즉 '비태도(Non-attitudes)'를 측정하는 중요한 장치다. 응답자가 잘 모를 가능성이 있는 정책이나 전문적인 주제에 대해 이 보기를 제공하지 않으면, 응답자는 아는 척 추측해서 답하거나 아무렇게나 답하게 된다. 이렇게 오염된 데이터가 생산되는 것을 막기 위해 '모름' 보기는 반드시 필요하다. 분석 시 '모름' 응답은 보통 결측치(missing value)로 처리하여, 유효한 의견을 가진 응답자만을 대상으로 분석을 진행하게 된다. 이는 데이터의 순도를 높이는 핵심적인 필터 역할을 한다.

참고문헌

Fowler, F. J., Jr.(1995). Improving survey questions: Design and

evaluation. Sage Publications, Inc.
Oppenheim, A. N.(2000). Questionnaire design, interviewing, and attitude measurement (New ed.). Continuum.
Sudman, S., & Bradburn, N. M.(1982). Asking Questions: A Practical Guide to Questionnaire Design. Jossey-Bass.

05

효과적인 평가 척도 설계하기

만족이나 동의처럼 보이지 않는 마음을 측정하는 평가 척도는 정교하게 만든 '마음의 자'와 같다. 자의 눈금을 몇 개로 할지(척도점) 결정하는 것보다, 각 눈금의 의미를 모든 응답자가 동일하게 이해하도록 명확한 어휘를 붙여주는(전체 어휘 표기) 것이 데이터 신뢰도를 높이는 핵심이다.

평가 척도, 보이지 않는 감정의 측정

우리는 어떻게 만족, 동의, 중요성과 같이 눈에 보이지 않는 추상적인 개념을 측정할 수 있을까? 어떻게 하면 주관적인 감정을 객관적인 숫자로 전환할 수 있을까? 이를 가능하게 하는 것이 바로 평가 척도(Rating Scale)다. 평가 척도는 응답자의 내면에 있는 감정이나 태도의 '정도'나 '강도'를 일정한 규칙에 따라 숫자로 표현하도록 만든 측정 도구다. 즉, 길이를 재는 '자'처럼 마음의 상태를 재기 위해 연구자가 인위적으로 만든 '마음의 자'라고 할 수 있다.

가장 대표적인 예는 사회과학자 렌시스 리커트(Rensis Likert)의 이름을 딴 리커트 척도(Likert Scale)다. 이는 특정 진술문(statement)에 대해 '매우 동의하지 않음'부터 '매우 동의함'까지 5개 혹은 7개의 점으로 구성된 보기 위에서 자신의 태도 수준을 표현하게 하는 방식이다. 이 외에도 특정 개념이 주는 느낌을 '좋다-나쁘다', '강하다-약하다', '빠르다-느리다'와 같이 상반되는 형용사 쌍 사이에서 평가하게 하는 의미 분화 척도(Semantic Differential Scale) 등 다양한 평가 척도가 존재한다. 좋은 자가 명확하고 동일한 간격의 눈금을 가져야 하듯, 좋은 평가 척도를 설계하는 것은 좋은 자를 만드는 과정과 같다. 눈금(척도점)의 개수는 적절해야 하고, 각 눈금이 의미하는 바(어휘)는 모든 사람이 동일하게 이해할 수 있도록 명확하게 새겨져 있어야 한다. 이 두 가지 요소가 평가 척도의 품질과 데이터의 신뢰도를 결정한다.

몇 개의 눈금을 새길 것인가: 척도점 개수 결정

'마음의 자'를 만들 때 가장 먼저 결정해야 할 것은 눈금을 몇 개나 새길 것인지, 즉 척도점(scale points)의 개수다. 이는 응답의 용이성과 측정의 정밀성 사이의 상충관계(trade-off)가 있어 신중한 결정이 필요하다.

2~4점과 같이 척도점이 너무 낮으면 응답자가 선택하기는 매우 쉽지만, 응답의 미묘한 차이를 전혀 담아내지 못하는 단점이 있다. '매우 만족'과 '약간 만족'을 모두 '만족'이라는 하나의 범주로 뭉뚱그리기 때문에, 데이터가 매우 둔감하고 무디어진다. 이는 키를 '큼/작음'으로만 재는 것과 같아서 정보의 손실이 너무 크다. 반대로 9~11점처럼 점수가 너무 높으면 응답자에게 더 세밀한 표현의 자유를 주지만, 대부분의 사람들은 9개 이상의 범주를 의미 있게 구분하는 데 어려움을 겪는다. '7점 만족'과 '8점 만족'의 차이를 일관되게 설명하기란 거의 불가능하다. 이는 응답자의 인지적 부담을 가중시키고, 오히려 응답의 신뢰도를 떨어뜨릴 수 있다. 연구에 따르면 척도의 신뢰도는 7

점을 넘어서면서부터는 눈에 띄게 증가하지 않는다. 이러한 이유로, 대부분의 조사 전문가들은 응답의 용이성과 측정의 정밀성 사이에서 가장 좋은 균형을 제공하는 5점 혹은 7점 척도를 사용할 것을 권장한다. 이 정도의 개수가 사람들이 큰 어려움 없이 자신의 태도를 의미 있게 구분하여 표현할 수 있는 '최적점(sweet spot)'으로 여겨진다.

척도점의 개수는 '보통'이나 '중립'과 같은 중간점 허용 여부와도 연결된다. 5점이나 7점과 같은 홀수점 척도는 가운데에 명확한 중립점(neutral point)이 존재하여, 정말로 찬성도 반대도 아닌 태도를 가진 응답자에게 솔직한 응답의 길을 열어준다는 장점이 있다. 반면 4점이나 6점과 같은 짝수점 척도는 중립점이 없으므로, 응답자는 어쩔 수 없이 긍정 혹은 부정의 방향 중 하나를 선택해야만 한다. 이를 강제 선택(forced choice)이라고 부르며, 응답자의 태도를 더 명확하게 파악하고 싶을 때 사용되지만 진정으로 중립적인 의견을 가진 응답자에게 답변을 강요하여 데이터를 왜곡할 수 있다는 비판을 받는다.

눈금의 의미는 무엇인가: 척도 어휘 표기의 중요성

척도점의 개수를 정했다면, 이제 각 눈금에 어떤 의미를 부여할지 결정해야 한다. 이는 척도 설계에서 가장 중요하면서도 많은 연구자들이 실수하는 부분이다. 표기 방식은 크게 양끝점 표기와 전체 어휘 표기로 나뉜다.

양끝점 표기(Endpoint Labeled)는 척도의 양쪽 극단(예: 1점과 5점)에만 어휘를 제시하고, 그 사이는 숫자로만 남겨두는 방식이다(예: 1-매우 불만족, 2, 3, 4, 5-매우 만족). 이 방식의 가장 큰 문제는 중간 숫자의 의미가 응답자마다 제각각이라는 점이다. 누군가에게 '4점'은 '꽤 만족'이지만, 다른 누군가에게는 '그럭저럭 괜찮은 수준'일 수 있다. 이는 결국 모든 응답자가 각자 다른 '내면의 자'를 사용하게 만들어, 응답 간의 비교를 불가능하게 만드는 심각한 오류를 낳는다.

반면, 전체 어휘 표기(Fully Labeled)는 척도의 모든 점에 각각의 의미를 설명하는 단어나 구절을 붙여주는 방식이다(예: ① 매우 불만족 ② 약간 불만족 ③ 보통 ④ 약간 만족 ⑤ 매우 만족). 결론부터 말하면, 현대 조사방법론의 강력한 컨센서스는 '전체 어휘 표기' 방식이 훨씬 더 우월하다는 것이다. 그 이유는 첫째, 해석의 통일성을 확보할 수 있기 때문이다. '4점은 약간 만족이다'라고 명확히 정의해 주기 때문에 모든 응답자가 각 척도점을 동일한 의미로 해석하게 된다. 이는 측정의 표준화(Standardization) 수

준을 극적으로 높인다. 둘째, 데이터의 신뢰도가 향상된다. 신뢰도란 동일한 대상을 반복 측정했을 때 얼마나 일관된 결과가 나오는지를 의미하는데, 척도점의 의미가 명확할수록 응답자들은 더 안정적이고 일관된 응답을 할 수 있게 된다. 좋은 어휘는 대칭적이고(Symmetric), 명확하며(Clear), 논리적 순서(Ordinal)를 가지며, 각 보기 간의 심리적 거리가 유사해야(Equal intervals) 한다. 물론 모든 점에 완벽하게 대칭적이고 등간격인 어휘를 찾는 것은 어려운 일이다. 하지만 이러한 어려움에도 불구하고, 응답자에게 추측의 부담을 떠넘겨 데이터 전체를 모호하게 만드는 것보다 명확한 어휘를 제공하여 신뢰도를 확보하는 것이 훨씬 더 중요한 과학적 원칙이라고 할 수 있다.

좋은 평가 척도를 향한 종합적 접근

결론적으로, 효과적인 평가 척도를 설계하는 것은 단편적인 규칙의 적용이 아닌, 종합적인 설계 과정이다. 연구자는 측정하려는 개념의 속성(단극형인가 양극형인가), 응답자의 특성(어린이인가 성인인가), 그리고 분석의 목적을 모두 고려하여 척도점의 개수를 결정해야 한다. 또한 중간점을 포함할 것인지, 제외할 것인지에 대한 논쟁을 이해하고, 자신의 연구 목적에 더 부합하는 방식을 선택해야 한다. 하지만 가장 중요한 것은 어떤 선택을 하든 모든 응답자가 각 눈금의 의미를 동일하게 이해할 수 있도록 명확하고 완전한 어휘를 제공하려는 노력을 게을리해서는 안 된다는 점이다. 잘 만들어진 평가 척도는 보이지 않는 마음을 비추는 신뢰도 높은 거울이 되지만, 부실하게 만들어진 척도는 현실을 왜곡하는 요술 거울이 될 뿐이다.

참고문헌

Fowler, F. J., Jr.(1995). Improving survey questions: Design and evaluation. Sage Publications, Inc.

Oppenheim, A. N.(2000). Questionnaire design, interviewing, and attitude measurement (New ed.). Continuum.

Sudman, S., & Bradburn, N. M.(1982). Asking Questions: A Practical Guide to Questionnaire Design. Jossey-Bass.

06

나쁜 질문 피하기

좋은 질문을 만드는 것만큼 나쁜 질문을 피하는 것이 중요하다. 하나의 질문에 두 가지를 묻는 '이중 질문', 특정 답변을 암시하는 '유도 질문', 응답자의 상황을 단정하는 '암묵적 가정', 인지적 혼란을 야기하는 '부정문'은 데이터를 오염시키는 대표적인 함정이다. 이러한 함정들을 식별하고 제거하는 것이 데이터 품질의 전제 조건이다.

나쁜 질문은 어떻게 데이터를 오염시키는가

앞선 장들에서 우리는 좋은 질문의 조건과 응답자의 인지 과정에 대해 살펴보았다. 이는 좋은 질문을 '만들기 위한' 적극적인 지침이었다. 하지만 현실에서 연구자들은 자신도 모르는 사이에 응답자를 혼란에 빠뜨리고, 편향된 답변을 유도하며, 결국 데이터 전체를 오염시키는 실수를 저지르곤 한다. 따라서 좋은 질문을 만드는 과정은 새로운 것을 창조하는 과정이라기보다 우리가 빠지기 쉬운 수많은 '함정'들을 하나씩 식별하고 제거해 나가는 과정에 더 가깝다.

시모어 서드먼(Seymour Sudman)과 노먼 브래드번(Norman M. Bradburn)은 설문 질문이 응답자에게 '위협(threat)'으로 느껴지거나 과도한 인지적 부담을 줄 때, 응답의 질이 급격히 저하된다고 경고한다. 나쁜 질문은 측정의 표준화를 방해하는 가장 큰 요인이다. 이는 데이터에 두 가지 종류의 치명적인 오류를 주입한다. 첫째는 응답자들이 질문을 제각기 다르게 해석하여 발생하는 '무작위적 오류(random error)'다. 이는 데이터의 신뢰도를 떨어뜨리는 '소음'으로 작용한다. 둘째는 질문이 모든 응답자들을 특정 방향으로 밀어내는 '체계적 오류(systematic error)', 즉 편향(bias)이다. 이는 데이터의 타당도를 훼손하여 연구 전체를 잘못된 결론으로 이끈다. 단 하나의 나쁜 질문이 전체 설문조사의 신뢰도를 무너뜨릴 수 있다. 이 장에서는 모든 연구자가 반드시 피해야 할 대표적인 나쁜 질문의 유형들을 살펴본다.

반드시 피해야 할 나쁜 질문의 유형들

이중 질문(Double-barreled Questions)

가장 흔하면서도 치명적인 실수는 하나의 질문 안에 두 가지 이상의 내용을 동시에 묻는 이중 질문이다. 예를 들어, "우리 회사 구내식당은 음식 맛도 좋고 가격도 저렴하다고 생각하십니까?"라고 묻는다면, 응답자가 '음식 맛은 좋지만, 가격은 비싸다'고 생각할 경우 '예'와 '아니오' 중 어느 쪽에도 온전히 동의할 수 없어 혼란에 빠진다. 이 질문에 '아니오'라고 답한 데이터는 '맛이 없다'는 의미인지, '가격이 비싸다'는 의미인지, 아니면 '둘 다 별로'라는 의미인지 해석이 불가능해진다. '공정성'과 '효율성'처럼 서로 다른 두 개념을 묻는 "귀하는 우리 회사의 채용 과정이 공정하고 효율적이라고 생각하십니까?"라는 질문 역시 마찬가지다. 질문은 반드시 '하나의 질문에는 하나의 개념만(Ask one thing at a time)'이라는 원칙을 지켜야 하며, 위

질문들은 "구내식당의 음식 맛에 만족하십니까?"와 "구내식당의 가격에 만족하십니까?"라는 두 개의 독립된 질문으로 반드시 분리해야 한다.

유도 질문(Leading or Loaded Questions)

유도 질문은 질문 문장 안에 특정 답변이 더 바람직하다거나 혹은 연구자의 의견이 담긴 표현을 사용하여 응답을 특정 방향으로 유도하는 방식이다. "대부분의 교육 전문가들이 찬성하는 OOO 교육 정책에 대해 어떻게 생각하십니까?"와 같은 질문은 응답자가 '전문가들의 의견'이라는 권위에 반대하기 어렵게 만드는 미묘한 사회적 압력을 가한다. 이는 응답자의 순수한 의견이 아닌, 권위에 순응하는 답변을 이끌어낼 위험이 크다. 또한 앤서니 오펜하임(Oppenheim)이 지적한 '부하가 걸린 단어(loaded words)', 즉 감정적으로 편향된 단어의 사용도 응답을 왜곡한다. 예를 들어 '복지 혜택'과 '세금 낭비', '합리적 규제'와 '자유 시장 침해'처럼 동일한 사안도 어떤 단어를 사용하느냐에 따라 응답자의 태도가 크게 달라질 수 있다. 질문은 항상 "OOO 교육 정책에 대해 어떻게 생각하십니까?"와 같이 가치 판단이 배제된 중립적이고 객관적인 단어로 표현되어야 한다.

모호하거나 어려운 단어의 사용

연구자에게는 익숙한 전문 용어나 한자어, 혹은 일상적으로 쓰더라도 그 범위가 불분명한 단어는 응답자에게 혼란을 준다. "귀하는 평소에 미디어 콘텐츠를 얼마나 자주 이용하십니까?"라는 질문에서 '미디어 콘텐츠'의 범위(유튜브, 넷플릭스, 신문 기사 등)나 '자주'의 빈도는 응답자의 수만큼이나 다양하게 해석될 수 있다. 또한 일반인에게 "귀하의 가계는 유동성 위기에 대비가 되어 있습니까?"라고 묻는 것은 대부분의 응답자가 '유동성 위기'라는 전문 용어를 이해하지 못하므로 나쁜 질문이다. 연구자는 종종 자신이 아는 것을 다른 사람도 알 것이라고 착각하는 '지식의 저주'에 빠지기 쉽다. 질문은 초등학생도 이해할 수 있을 만큼 쉽고 명확한 일상적인 단어로 구성되어야 하며, 측정하려는 대상과 기간을 구체적으로 한정해야 한다.

암묵적 가정(Implicit Assumptions)

이는 질문 속에 응답자가 특정 상황에 해당할 것이라는 가정을 몰래 숨겨두는 경우다. "귀하의 자녀는 주로 어떤 학원에 다닙니까?"라는 질문은 응답자가 '자녀가 있다'는 것과 '그 자녀가 학원에 다닌다'는 두 가지 사실을 당연한 것으로 가정하고 있다. 자녀가 없거나 자녀가 학원에 다니지 않는 응답자는 이 질문에 답할 수 없을 뿐만 아니라, 자신이 이 조사의 대상이 아니라고 느껴 소외감을 받을 수 있다. "최근에 이용하신 해외여행 상품은 만족스러우셨습니까?"라는 질문 역시 응답자가 최근 해외여행을 다녀왔을 것이라고 가정한다. 이러한 함정을 피하기 위해서는 필터 질문(Filter Question)을 사용해야 한다. 먼저 "귀하에게는 자녀가 있습니까?"라고 묻고 '예'라고 답한 사람에게만 "귀하의 자녀는 학원에 다닙니다?"라고 물은 뒤, 다시 '예'라고 답한 사람에게 다음 질문으로 넘어가는 단계적인 질문 설계가 필요하다. 이는 기술적 정확성뿐만 아니라 다양한 상황의 응답자를 존중하는 태도의 문제이기도 하다.

부정문과 이중 부정(Negatives and Double Negatives)

부정문, 특히 부정문이 두 번 겹친 이중 부정은 응답자에게 극심한 인지적 혼란을 야기한다. 뇌는 긍정문을 처리하는 것보다 부정문을 처리하는 데 더 많은 인지적 노력을 요구한다. "운동을 하지 않는 것에 동의하지 않으십니까?"와 같은 이중 부정문은 응답자가 무엇을 긍정하고 부정해야 할지 이해하는 데 상당한 인지적 노력을 기울여야 하고, 오류 발생 가능성이 매우 높다. '예'가 '운동을 해야 한다'는 의미인지, '운동을 하지 않아도 된다'는 의미인지 헷갈리기 쉽다. 응답자는 질문을 이해하는 데 에너지를 소진한 나머지, 정작 자신의 의견을 표현하는 데는 집중하지 못할 수 있다. 질문은 가급적 긍정문 형태로 작성하는 것이 원칙이다. 불가피하게 부정문을 사용해야 할 경우에도, "다음 중 귀하가 하지 않는 행동은 무엇입니까?"와 같이 질문의 의도를 명확하고 간결하게 표현해야 한다.

좋은 질문을 향한 끊임없는 자기 검열

위에 제시된 함정들은 설문지를 작성하는 누구나 쉽게 빠질 수 있는 실수들이다. 따라서 연구자는 자신이 만든 질문을 응답자의 눈으로 끊임없이 다시 읽어보는 '자기 검열'의 과정을 거쳐야 한다. 설문지는 연구의 목적을 달성하기 위한 과학적 '측정 도구'이며, 모든 측정 도구는 사용 전에 반드시 오차를 점검하고 영점을 맞추는 '보정(calibration)' 과정을 거친다. 질문 설계에서 자기 검열과 이후에 다룰 사전조사는 바로 이 보정 과정에 해당한다. 연구의 맥락을 전혀 모르는 사람의 입장에서 질문을 소리 내어 읽어보는 것은 좋은 방법이다. 이 과정에서 스스로에게 다음과 같은 질문을 던져야 한다.

"이 질문이 혹시 두 가지를 동시에 묻고 있지는 않은

가?"

"내 의견이나 사회적 기대가 은근슬쩍 담겨있지는 않은가?"

"이 단어를 모든 사람이 똑같이 이해할까? 더 쉬운 단어는 없을까?"

"내가 당연하다고 생각하는 가정이 이 질문 속에 숨어있지는 않은가?"

"이 문장을 더 간단하고 긍정적인 형태로 바꿀 수는 없을까?"

이러한 질문을 스스로에게 던지는 겸손한 태도가 결국 데이터의 품질을 결정한다.

참고문헌

Fowler, F. J., Jr.(1995). Improving survey questions: Design and evaluation. Sage Publications, Inc.

Oppenheim, A. N.(2000). Questionnaire design, interviewing, and attitude measurement (New ed.). Continuum.

Sudman, S., & Bradburn, N. M.(1982). Asking Questions: A Practical Guide to Questionnaire Design. Jossey-Bass.

07

민감한 주제에 대한 응답률 높이기

소득, 사생활, 비윤리적 행위 등 민감한 질문은 응답 왜곡의 주범이다. 응답자는 사회적 시선이나 불이익에 대한 두려움 때문에 진실을 숨기기 때문이다. 질문의 정당성을 부여하고, 보편적인 일인 것처럼 표현하며, 응답 보기를 넓은 범주로 제시하는 등의 섬세한 기술을 통해 응답자의 심리적 부담을 덜어주고 신뢰를 얻는 것이 핵심이다.

무엇이 질문을 '불편하게' 만드는가

어떤 질문들은 그 자체로 응답자에게 위협적이거나 불편하게 느껴진다. 시모어 서드먼(Seymour Sudman)과 노먼 브래드번(Norman M. Bradburn)은 그들의 저서 『질문하기(Asking Questions)』에서 이러한 '위협적인 질문(Threatening Questions)'이 어떻게 응답 왜곡을 낳는지 상세히 설명한다. 응답자가 질문을 불편하게 느끼는 근본적인 이유는 질문에 답하는 행위가 자신에게 어떤 형태로든 '위험(Risk)'을 초래할 수 있다고 인지하기 때문이다. 이 위험은 크게 세 가지 유형으로 나타난다.

첫째는 사회적 바람직성(Social Desirability)에 대한 위험이다. 질문 내용이 투표, 기부, 독서, 운동처럼 사회적으로 권장되는 행동이나 탈세, 차별, 불법 다운로드처럼 사회적으로 비난받는 행동과 깊게 연관된 경우, 응답자는 사회적 평판이 훼손될 위험을 느낀다. 자신이 바람직한 사람으로 보이고 싶은 욕구 때문에 응답을 왜곡하는 경향이 있다. 즉, 바람직한 행동은 실제보다 부풀리고 바람직하지 않은 행동은 축소하거나 숨기려 한다. 이는 응답자가 의도적으로 거짓말을 한다기보다 이상적인 자신과 실제 자신 사이의 간극을 메우려는 무의식적인 심리 기제에 가깝다.

둘째는 사생활 침해(Invasion of Privacy)에 대한 위험이다. 소득 및 재산, 건강 상태, 종교적 신념, 정치적 성향, 성생활 등 지극히 개인적인 영역을 다루는 질문에 대해 응답자는 개인 정보가 노출될 위험을 느낀다. '사적'이라고 느끼는 정보의 범위는 개인과 문화에 따라 다르지만, 자신의 내밀한 정보를 타인에게 공개해야 한다는 사실 자체가 심리적 저항을 유발한다.

셋째는 불이익에 대한 두려움(Fear of Consequences)이다. 불법적인 활동이나 사회적으로 비난받을 수 있는 행동에 대해 물을 때, 응답자는 자신의 답변이 외부에 알려져 어떤 불이익을 받게 될지 모른다는 실질적인 위험을 느낀다. 이는 법적 처벌에 대한 두려움일 수도 있고, 사회적 평판이 훼손되거나 직장에서 불이익을 당할지 모른다는 두려움일 수도 있다. 이러한 두려움은 솔직한 답변을 가로막는 가장 큰 장벽이 된다.

응답자의 마음을 여는 질문의 기술

이러한 불편함을 줄이고 최대한 솔직한 답변을 얻어내기 위해서는 응답자가 느끼는 위험을 최소화하는 정교하고 세심한 질문 설계 기술을 발휘해야 한다.

질문의 정당성 부여하기

왜 이 민감한 질문을 해야만 하는지 그 이유와 목적을 응답자에게 솔직하게 설명하여 협조를 구하는 방식이다. 이는 응답자를 단순한 정보 제공자가 아닌, 연구의 파트너로 존중하는 태도를 보여 준다. 예를 들어, 단순히 "귀하의 월평균 소득은 얼마입니까?"라고 묻기보다 "저희는 소득 수준에 따라 새로운 복지 정책의 효과가 어떻게 다른지 분석하고자 합니다. 연구 목적을 위해, 실례지만 귀하 댁의 월평균 소득 구간을 여쭤 봐도 괜찮을까요? 이 정보는 오직 통계 분석 목적으로만 사용되며, 개인 정보는 철저히 비밀이 보장됩니다"와 같이 설명하면 응답자의 경계심을 낮출 수 있다.

정상성을 부여하는 문구 삽입하기

특정 행동이 자신만의 문제가 아니라 많은 사람들이 보편적으로 겪는 일인 것처럼 표현하여 응답자의 심리적 부담을 덜어주는 기술이다. 이는 응답자가 '나만 그런 것이 아니구나'라고 느끼게 하여 자신의 경험을 더 편안하게 인정할 수 있도록 돕는다. 예를 들어 '부부싸움'이라는 부정적인 단어 대신 '의견 다툼'이라는 중립적인 단어를 사용하고, "부부들은 살면서 다양한 문제로 의견 다툼을 하곤 합니다. 지난 한 달간 귀하께서는 배우자와 의견 다툼을 몇 번이나 하셨습니까?"와 같이 보편성을 암시하는 문구를 덧붙이면 효과적이다.

간접 질문법 사용하기

응답자에게 직접적으로 묻는 대신 다른 사람에게 투영하여 질문함으로써 응답의 심리적 부담을 줄이는 방법이다. 예를 들어, 탈세 경험처럼 민감한 주제를 물을 때 "귀하는 세금 신고 시 모든 소득을 정직하게 신고하십니까?"라고 직접 묻는 것보다 "귀하 주변의 대부분의 사람들은 세금 신고 시 모든 소득을 정직하게 신고한다고 생각하십니까?"라고 물어볼 수 있다. 응답자는 다른 사람에 대한 의견을 말하는 형식을 빌려 자신의 생각이나 행동을 간접적으로 드러낼 가능성이 있다.

넓은 범주로 답하게 하기

정확한 수치를 요구하는 대신, 넓은 구간이나 범주를 제시하여 응답자가 모호함 속에 자신의 정보를 숨길 수 있도록 하는 방법이다. 이는 응답자에게 일종의 '심리적 완충 지대'를 제공한다. "지난해 귀하의 연 소득은 다음 중 어디에 해당합니까? [① 3천만 원 미만 ② 3천만 원~5천만 원 미만…]"과 같이 질문하면, 정확한 액수를 묻는 것보다 응답률이 눈에 띄게 높아진다. 물론 이 방법은 데이터의 정밀성을 희생하는 대가로 응답률을 높이는 전략이므로, 연구 목적에 따라 신중하게 사용해야 한다.

질문의 위치를 전략적으로 배치하기

민감한 질문은 설문 초반이 아닌, 일반적인 질문들에 충분히 답하며 연구자와 어느 정도 신뢰 관계(Rapport)가 형성된 설문지 후반부에 제시하는 것이 응답 거부율을 낮추는 데 효과적이다. 설문 초반에 민감한 질문이 등장하면 응답자는 조사 전체에 대한 방어적인 태도를 취하거나 설문을 중단할 수 있다. 반면, 후반부에 배치하면 설문을 거의 다 마쳤다는 생각에 관성이 작용하여 답변을 할 가능성이 높아진다. 또한 만약 응답자가 마지막 질문에서 응답을 중단하더라도 연구자는 그 앞까지의 귀중한 데이터를 확보할 수 있다.

가장 강력한 무기, '신뢰'

결국 위에 제시된 모든 기술적인 방법들은 단 하나의 목표를 향한다. 바로 연구자와 응답자 사이에 '신뢰'를 구축하는 것이다. 응답자가 '이 조사는 안전하다', '내 정보는 소중히 다루어질 것이다', '내 답변은 가치 있는 곳에 쓰일 것이다'라고 믿을 때, 비로소 그들은 불편한 질문 앞에서도 기꺼이 자신의 마음을 열게 된다.

따라서 연구자는 조사를 시작하기 전 응답자에게 완벽한 익명성(Anonymity: 연구자조차 누가 응답했는지 알 수 없음) 혹은 비밀 보장(Confidentiality: 연구자는 알지만 외부에 절대 공개하지 않음)을 명확히 약속하고 이를 반드시 지켜야 한다. 이는 연구자와 응답자 간의 '사회적 계약'과 같다. 연구자는 비밀 보장과 데이터의 가치 있는 활용을 약속하고, 응답자는 그 대가로 자신의 진실한 경험을 제공한다. 결국 가장 정교한 질문 설계 기법도, 응답자를 대하는 연구자의 정직한 태도와 신뢰라는 가장 강력한 무기를 넘어설 수는 없다. 이 장에서 다룬 기술들은 응답자를 속이는 기법이 아니라 응답자가 안심하고 진실을 말할 수 있는 안전한 공간을 만드는 존중의 방법론이다.

참고문헌

Fowler, F. J., Jr.(1995). Improving survey questions: Design and evaluation. Sage Publications, Inc.

Oppenheim, A. N.(2000). Questionnaire design, interviewing, and attitude measurement (New ed.). Continuum.

Sudman, S., & Bradburn, N. M.(1982). Asking Questions: A

Practical Guide to Questionnaire Design. Jossey-Bass.

08

문항 순서의 마법

설문지의 질문은 독립된 섬이 아니라 서로 영향을 주고받는 연결된 체계다. 앞선 질문은 응답자의 머릿속에 특정 생각의 지도를 그려, 뒤따르는 질문의 해석과 판단에 영향을 미치는 '맥락 효과'를 유발한다. 일반적인 질문에서 구체적인 질문으로 흐르는 '깔때기 구조'와 같은 전략적 순서 배열은 이러한 편향을 최소화하고 데이터의 일관성을 지키는 핵심 기술이다.

질문은 홀로 존재하지 않는다: 맥락 효과의 발견

설문지를 설계할 때, 많은 연구자들이 개별 문항의 완성도에만 집중하는 실수를 저지른다. 하지만 설문지의 질문들은 결코 독립적으로 존재하지 않는다. 각 질문은 바로 앞선 질문과의 관계 속에서 그 의미가 해석되고, 뒤따르는 질문에 영향을 미치는 하나의 유기적인 흐름을 형성한다. 이처럼 앞선 질문이 이후 질문에 대한 응답에 영향을 미치는 현상을 '맥락 효과(Context Effect)' 또는 '순서 효과(Order Effect)'라고 부르며, 이는 측정의 정확성을 위협하는 강력한 요인이다.

이 효과의 심리적 기제는 '점화(priming)' 개념으로 설명할 수 있다. 앞선 질문은 응답자의 머릿속에 특정 개념, 기억, 태도를 활성화시키는 '점화 장치' 역할을 한다. 이렇게 활성화된 생각들은 뒤따르는 질문에 답할 때 더 쉽게 접근 가능해지며, 결과적으로 응답자의 판단에 더 큰 비중을 차지하게 된다. 일반적인 대화에서는 맥락에 따라 의미를 유연하게 조정할 수 있지만, 모든 응답자에게 동일한 자극을 주어야 하는 설문조사에서는 이 '고정된 맥락'이 체계적인 편향을 낳을 수 있다.

이를 보여 주는 가장 유명한 고전적 사례를 살펴보자. 한 그룹(A그룹)에게는 "최근 당신의 연애 생활은 얼마나 행복합니까?"를 먼저 물은 뒤 "당신 삶의 전반적인 만족도는 얼마나 높습니까?"를 물었고, 다른 그룹(B그룹)에게는 그 순서를 바꿔서 질문했다. 그 결과 A그룹에서는 연애 생활 만족도와 삶의 전반적 만족도 간의 상관관계가 매우 높게 나타난 반면, B그룹에서는 그 상관관계가 훨씬 낮았다. 이는 A그룹의 응답자들이 삶의 만족도를 평가할 때, 방금 전에 답했던 '연애 생활'이라는 특정 주제를 더 중요하게 떠올렸기 때문이다. 연구자는 이 결과로부터 '연애가 삶의 만족도에 큰 영향을 미친다'는 성급한 결론을 내릴 수 있지만, 사실 이는 실제 인과관계가 아니라 질문 순서가 만들어 낸 인공적인 결과물일 수 있다. 이처럼 질문의 순서는 응답자의 머릿속 생각의 지도를 바꾸는 '보이지 않는 손'으로 작용한다.

순서가 만들어 내는 두 가지 함정

질문 순서가 유발하는 맥락 효과는 크게 두 가지 상반된 방향으로 나타난다. 앤서니 오펜하임(Anthony N. Oppenheim)은 이를 응답자가 앞선 질문과 뒤따르는 질문을 어떻게 연관시키는지에 따라 달라진다고 설명한다.

첫 번째는 동화 효과(Assimilation Effect)다. 이는 뒤따르는 질문에 대한 응답이 앞선 질문에 대한 응답과 유사해

지거나 일관성을 가지려는 방향으로 나타나는 현상이다. 앞서 든 연애 만족도 사례가 대표적이다. 행복한 연애를 하고 있다고 답한 사람은 자신의 답변에 일관성을 부여하기 위해 삶 전반의 만족도 역시 더 높게 평가하려는 경향을 보인다. 이 효과는 보통 두 질문이 서로 관련성이 높고 일반적인 주제를 다룰 때 잘 나타난다. 예를 들어, 대통령의 국정 운영에 대해 긍정적으로 평가한 응답자는 바로 뒤에 나오는 정부 전반에 대한 신뢰도 질문에도 긍정적으로 답할 가능성이 높아진다.

두 번째는 대조 효과(Contrast Effect)다. 이는 반대로, 뒤따르는 질문에 대한 응답이 앞선 질문과 더욱 대조되거나 멀어지는 방향으로 나타나는 현상이다. 이는 앞선 질문이 응답자에게 강력한 '비교 기준'을 설정해 줄 때 발생한다. 예를 들어 "지난 1년간 우리나라 정치인들이 이룬 가장 실망스러운 일은 무엇입니까?"라는 질문을 먼저 던져 정치 전반에 대한 부정적인 생각을 활성화한 직후, "당신이 거주하는 지역구 국회의원의 의정 활동에 얼마나 만족하십니까?"라고 물어보자. 이때 응답자는 방금 떠올렸던 '최악의 정치인들'과 자신의 지역구 의원을 비교하며, 상대적으로 더 후한 점수를 줄 가능성이 있다. 즉, 부정적인 맥락이 오히려 특정 대상에 대한 평가를 긍정적으로 만드는 '대조 효과'를 낳는 것이다.

좋은 흐름을 만드는 순서 배열의 원칙

이러한 맥락 효과의 함정을 피하고, 응답자가 편안하고 논리적으로 응답할 수 있는 '좋은 흐름'을 만들기 위해, 설문 설계자들은 다음과 같은 원칙들을 따라야 한다.

가장 중요하고 보편적인 원칙은 깔때기 구조(The Funnel Approach)다. 이는 질문을 일반적인 것에서 시작하여 점차 구체적이고 세부적인 것으로 좁혀나가는 방식이다. 예를 들어 '언론 전반에 대한 신뢰도'를 먼저 물어본 뒤 '신문', '방송' 등 개별 매체에 대한 신뢰도를 묻고, 마지막으로 특정 언론사의 신뢰도를 묻는 것이다. 이는 응답자가 자연스럽게 주제에 몰입하도록 돕고, 세부적인 질문이 전체 평가에 과도한 영향을 미치는 맥락 효과를 방지한다. 반대로, 특정 주제에 대해 응답자가 잘 모를 경우 구체적인 질문을 먼저 하여 생각을 활성화시킨 뒤 일반적인 질문을 하는 '역깔때기 구조(Inverted Funnel Approach)'도 전략적으로 사용될 수 있다.

또한 관련 있는 질문들은 한데 묶어서 주제별 블록(block)으로 제시해야 응답자의 인지적 혼란을 줄일 수 있다. 만족도 질문을 하다가 갑자기 인구통계 질문을 하고 다시 만족도 질문으로 돌아오는 것은 응답의 흐름을 깨뜨리는 나쁜 설계다. 주제별로 질문을 묶어주면 응답자는 하나의 '인지적 틀(schema)' 안에서 일관되게 사고할 수 있어 응답의 부담이 줄고 질이 높아진다. 각 주제 블록 사이에는 "다음은 OOO에 대한 질문입니다"와 같이 안내문을 넣어주는 것이 좋다.

설문지 전체의 구조 설계

개별 질문의 순서를 넘어, 설문지 전체의 흐름을 설계하는 것 역시 중요하다. 잘 설계된 설문지는 응답자의 심리적 여정을 고려하여 정교하게 건축되어야 하며 일반적으로 다음과 같은 구조를 따른다.

도입부(Introduction): 단순히 조사를 시작하는 것을 넘어 응답자와의 '사회적 계약'을 맺는 중요한 단계다. 조사의 목적, 주관 기관, 소요 시간, 비밀 보장 등을 명확히 안내하고 자발적인 참여 동의를 구함으로써 연구의 윤리적 토대를 마련하고 응답자의 신뢰를 확보한다.

초반부(Opening Questions): 응답자의 흥미를 유발하고 쉽게 답할 수 있는 질문으로 시작한다. 이 질문들은 '준비

운동'과 같아서, 응답자가 조사에 순조롭게 적응하고 참여 동기를 유지하도록 돕는 역할을 한다. 주제와 관련 있으면서도 민감하지 않고 판단이 필요 없는 사실 질문이 좋다.

중반부(Main Body): 조사의 핵심이 되는 질문들을 주제별로 묶어 논리적 순서(주로 깔때기 구조)에 따라 배치한다. 점차 깊이 있는 질문으로 나아가며, 이 부분에서 연구 가설을 검증하기 위한 가장 중요한 데이터가 수집된다.

후반부(Closing Section): 소득이나 지지 정당과 같은 민감한 질문들은 응답자와 신뢰가 쌓인 후반부에 배치하는 것이 좋다. 응답자가 이미 상당 시간 조사에 참여하여 일종의 '관여' 상태가 되었을 때, 심리적 저항감이 줄어들기 때문이다.

마지막(Demographics): 연령, 성별, 직업, 학력 등 인구통계학적 질문은 가장 마지막에 묻는 것이 원칙이다. 이 질문들은 다소 지루하고 사적으로 느껴질 수 있기 때문에, 가장 중요한 핵심 질문들에 대한 답변을 모두 얻은 후에 배치하여 응답 중단으로 인한 데이터 손실 위험을 최소화

한다.

이처럼 설문지의 순서는 응답자의 심리적 흐름을 고려한 정교한 건축 설계와 같다. 좋은 순서는 응답자를 편안하게 안내하여 양질의 데이터를 얻게 하지만 나쁜 순서는 응답자를 길 잃게 하여 오염된 데이터를 낳는다.

참고문헌

Fowler, F. J., Jr.(1995). Improving survey questions: Design and evaluation. Sage Publications, Inc.

Oppenheim, A. N.(2000). Questionnaire design, interviewing, and attitude measurement (New ed.). Continuum.

Sudman, S., & Bradburn, N. M.(1982). Asking Questions: A Practical Guide to Questionnaire Design. Jossey-Bass.

09

질문지 검증과 실패 예방, 사전조사

아무리 잘 만든 설계도라도 실제 건축 전에는 모형 실험을 거친다. 설문조사에서 사전조사는 바로 이 최종 검증 과정이다. 연구자의 책상 위에서는 완벽해 보였던 질문의 허점을 응답자의 시선으로 발견하는 유일한 방법이며, 본조사의 치명적인 실패를 막는 가장 중요한 보험이다.

사전조사는 선택이 아닌 필수다

수개월간의 노력 끝에 마침내 설문지 초안이 완성되었다. 모든 질문은 논리적으로 보이고 단어 하나하나 신중하게 선택했다. 이제 이 설문지를 수천 명에게 배포하기만 하면 될까? 정답은 '절대 아니다'. 앤서니 오펜하임(Anthony N. Oppenheim)은 그의 저서에서, 아무리 경험 많은 연구자라 할지라도 응답자가 질문을 어떻게 오해할지 모두 예측하는 것은 불가능하다고 단언한다. 연구자의 의도라는 '이론'과 응답자의 해석이라는 '현실' 사이에는 언제나 간극이 존재하기 때문이다.

초심자 연구자는 사전조사를 본조사 전에 거치는 번거로운 추가 절차로 여기는 경향이 있다. 하지만 숙련된 연구자는 사전조사를 설문지 설계 과정의 마지막이자 가장 핵심적인 단계로 이해한다. 화학자가 실험 전에 저울을 보정하고, 천문학자가 관측 전에 망원경의 초점을 맞추듯, 사회과학 연구자에게 사전조사는 자신이 사용할 측정 도구의 정확성을 담보하는 필수적인 과학적 절차다. 연구자의 책상 위에서 완벽해 보였던 질문도, 실제 응답자를 만나면 수많은 예상치 못한 문제를 드러내기 마련이다.

따라서 설문지를 완성한 후에는 이를 실제 본조사 대상과 유사한 소수의 집단에게 미리 적용해 보는 사전조사

(Pretest) 과정이 반드시 필요하다. 사전조사는 연극의 최종 리허설이나 비행기의 시험 비행과 같다. 본격적인 무대(본조사)에 오르기 전에 질문의 오해 가능성, 응답 보기의 문제점, 설문 전체의 흐름 등 기술적, 심리적 결함을 발견하고 수정하여, 돌이킬 수 없는 실패를 예방하는 가장 효과적이고 유일한 방법이다. 비용이나 시간이 부족하다는 이유로 사전조사를 생략하는 것은 연구자가 만든 측정 도구의 신뢰도를 스스로 포기하는 행위이며, 전체 연구의 성패를 운에 맡기는 위험한 도박과 같다.

무엇을, 어떻게 점검할 것인가: 사전조사의 목표와 방법

사전조사의 목표는 단순히 오탈자를 찾아내는 것이 아니다. 응답자의 입장에서 설문지의 모든 문제점을 찾아내어 앞선 장들에서 논의했던 '좋은 질문'의 원칙들이 제대로 지켜졌는지를 경험적으로 검증하는 과정이다. 주요 점검 목록에는 질문의 명확성(단어를 오해하지 않는가?), 응답의 용이성(답하기에 부담스럽지 않은가?), 응답자의 감정 및 태도(불쾌하거나 위협적으로 느끼지 않는가?), 질문의 흐름(순서가 논리적인가?) 등이 포함된다. 연구자는 하나의 완벽한 방법론에 의존하기보다 여러 사전조사 기법을

'도구 상자'의 도구처럼 조합하여 사용하는 것이 바람직하다.

전문가 검토(Expert Review)

가장 먼저 시도해 볼 수 있는 비용 효율적인 방법은 동료 연구원이나 설문 설계 전문가에게 설문지 검토를 의뢰하는 것이다. 제3자의 눈은 연구자가 '지식의 저주'에 빠져 미처 발견하지 못한 모호한 표현이나 논리적 오류, 유도 질문 등을 쉽게 찾아낼 수 있다. 특히 해당 연구 주제의 전문가는 질문이 측정하려는 개념을 정확히 반영하고 있는지 내용 타당도를 점검하는 데 큰 도움이 된다. 이 단계는 실제 응답자를 모집하기 전에 설문지의 큰 구조적 결함을 바로잡을 수 있는 가장 경제적인 첫걸음이다. 다만, 전문가 역시 실제 응답자가 아니므로 일반 응답자들이 겪을 수 있는 이해의 어려움이나 심리적 부담까지 모두 예측하기는 어렵다는 한계가 있다.

인지 면접(Cognitive Interviewing)

현대 조사방법론에서 가장 중요하게 여기는 질적 사전조사 기법 중 하나다. 이는 소수의 응답자(5~15명 정도)에게 설문에 답하게 하면서, 각 질문을 읽고 답을 선택하기까지의 모든 생각의 과정을 소리 내어 말하게 하는 '발성 사고(Think-aloud)' 방식을 사용한다. 이때 사전조사의 목적을 달성하기 위해서는 실제 조사 대상의 특성을 대표하는 응답자를 모집하는 것이 매우 중요하다. 연구자는 응답자의 말을 통해 "아, 이 단어를 이렇게 해석하는구나"(질문의 이해 과정 확인), "이 질문에 답하기 위해 이런 기억을 떠올리는구나"(정보의 인출 과정 확인), "보기가 마땅치 않아서 그냥 이걸 고르는구나"(응답의 선택 과정 확인)와 같은 귀중한 정보를 얻을 수 있다. 또한 "이 질문이 어떤 의미라고 생각하십니까?", "방금 어떻게 그 답을 결정하셨습니까?", "이 보기는 귀하의 생각을 충분히 반영한다고 느끼십니까?"와 같은 추가적인 탐색 질문(probe)을 통해 응답자의 인지 과정을 더 깊이 파고들 수 있다. 인지 면접은 응답 결과라는 '숫자' 이면에 숨겨진 응답자의 인지적, 심리적 과정을 직접 들여다볼 수 있게 해 주는 강력한 현미경과 같다.

소규모 시범 조사(Pilot Study)

이는 실제 본조사와 완전히 동일한 방식으로 소규모 표본(예: 30~100명)에게 설문을 실시하고, 그 결과 데이터를 통계적으로 분석해 보는 양적 사전조사 기법이다. 시범 조사는 본조사의 '축소판'으로서, 다음과 같은 객관적인 정보를 제공한다.

평균 응답 소요 시간(LOI, Length of Interview): 설문이 너무 길어 응답자를 지치게 하지는 않는지 확인하고, 본조사 참여자에게 정확한 예상 시간을 안내할 수 있다.

응답 분포 확인: 특정 보기에 응답이 비정상적으로 쏠리거나 아무도 선택하지 않는 보기가 있다면 질문이나 보기 구성에 문제가 있을 가능성을 시사한다. 또한 복잡한 논리 분기(skip logic)가 설계대로 잘 작동하는지, 응답자들이 의도된 경로로 잘 이동하는지 기술적인 점검이 가능하다.

'모름/무응답' 비율: 특정 질문에서 '모름'이나 무응답 비율이 너무 높게 나타난다면, 해당 질문이 너무 어렵거나 민감하거나 혹은 응답자에게 부적절한 질문일 수 있다는 신호다.

척도의 신뢰도 분석: 여러 문항으로 구성된 척도의 경우, 내적 일관성 신뢰도(Cronbach's Alpha 등)를 계산하여 척도가 측정하려는 개념을 일관되게 측정하는지 미리 확인

할 수 있다. 신뢰도가 낮게 나온다면, 본조사 전에 척도를 구성하는 일부 문항을 수정하거나 제거하는 결정을 내릴 수 있다.

응답자 디브리핑(Respondent Debriefing)

이는 응답자가 일단 평소처럼 설문을 모두 마친 후에, 연구자가 응답자와 함께 설문 경험 전반에 대해 논의하는 방법이다. 인지 면접이 각 문항에 대한 미시적인 이해 과정을 파고든다면, 디브리핑은 설문 전체에 대한 거시적인 피드백을 얻는 데 유용하다. "설문에 답하면서 어떤 부분이 가장 어려웠습니까?", "가장 지루하게 느껴진 부분은 어디였습니까?", "질문의 순서가 자연스럽게 느껴졌습니까?"와 같은 질문을 통해 설문지의 전반적인 인상과 응답자 경험(UX)의 문제점을 파악할 수 있다.

작은 투자가 큰 실패를 막는다

사전조사는 분명 시간과 비용이 드는 일이다. 하지만 이는 전체 연구 프로젝트의 성패에 비하면 매우 작은 '보험료'에 불과하다. 모호한 질문 하나가 수천만 원짜리 조사를 통해 얻은 데이터를 쓸모없는 것으로 만들어 버릴 수 있다. 연구 예산의 99%를 투입하여 본조사를 마친 뒤에야 핵심 질문에 치명적인 결함이 있었음을 발견하는 것만큼 끔찍한 실패는 없다. 사전조사에 투입되는 1%의 노력이 바로 그 99%의 실패를 막아주는 가장 현명한 투자다.

따라서 사전조사는 예산이나 시간 부족을 핑계로 생략할 수 있는 부가적인 절차가 아니다. 이는 연구의 과학적 엄격성을 담보하고, 수집될 데이터의 품질을 보증하는, 설문지 설계의 가장 마지막이자 가장 중요한 핵심 과정임을 반드시 기억해야 한다. 사전조사를 거친 설문지는 더 이상 연구자의 주관적인 초안이 아닌, 응답자를 통해 객관적으로 검증된 과학적 측정 도구로 거듭난다. 결국 연구자가 최종 데이터에 대해 가질 수 있는 확신은 사전조사를 얼마나 철저하게 수행했느냐에 따라 결정된다.

참고문헌

Fowler, F. J., Jr.(1995). Improving survey questions: Design and evaluation. Sage Publications, Inc.

Oppenheim, A. N.(2000). Questionnaire design, interviewing, and attitude measurement (New ed.). Continuum.

Sudman, S., & Bradburn, N. M.(1982). Asking Questions: A Practical Guide to Questionnaire Design. Jossey-Bass.

10

질문의 윤리

질문 설계의 여정은 기술을 넘어 윤리에서 완성된다. 연구는 인간 사이의 신뢰 관계에 기반하기에, 연구자는 응답자에게 주어진 권력에 따르는 무거운 책임을 져야 한다. 투명한 사전 동의, 철저한 비밀 보장, 피해 최소화라는 대원칙을 통해 응답자를 존중할 때, 비로소 데이터는 진실에 가까워지고 질문은 완성된다.

질문은 권력이자 책임이다

지금까지 우리는 좋은 데이터를 얻기 위한 과학적이고 기술적인 질문 설계 원칙들을 살펴보았다. 하지만 이 모든 원칙의 가장 깊은 토대에는 기술을 넘어서는 '윤리' 문제가 자리 잡고 있다. 질문을 던지는 행위는 단순히 정보를 얻는 중립적인 과정이 아니다. 그것은 응답자의 소중한 시간을 요구하고, 내밀한 생각을 들여다보며, 때로는 불편한 기억을 소환하게 하는, 연구자에게 주어진 일종의 '권력'일 수 있다.

연구자는 조사의 목적을 설정하고, 현실을 규정할 단어를 선택하며, 응답자가 따라야 할 대화의 규칙을 정한다. 반면 응답자는 연구자가 만들어 놓은 틀 안에서 자신의 생각과 경험을 제공해야 하는, 본질적으로 비대칭적인 관계에 놓인다. 이 힘의 불균형은 연구자에게 무거운 윤리적 책임을 부여한다. 앤서니 오펜하임은 연구자와 응답자의 관계가 상호 신뢰와 협조에 기반해야만 성공할 수 있다고 강조하며, 이 관계가 깨질 때 조사는 실패한다고 말한다. 공식적인 연구 기관에서 연구 윤리 심의 위원회(Institutional Review Board, IRB)의 검토를 의무화하는 이유도 바로 이 권력을 견제하고 응답자를 보호하기 위함이다. 과학적 엄격성만으로는 좋은 질문이 완성될 수 없다. 응답자를 동등한 인격체로 존중하고, 그들의 권리를 보호하며, 수집된 데이터를 책임감 있게 다루려는 윤리적 태도가 뒷받침될 때, 비로소 하나의 질문은 완성된다.

응답자를 향한 세 가지 윤리 원칙

설문조사 연구에서 연구자가 응답자를 향해 지켜야 할 윤리적 원칙은 크게 세 가지로 요약할 수 있다. 이 원칙들은 모든 저자들이 공통적으로 강조하는, 타협할 수 없는 대전제다.

투명성과 자발적 동의(Informed Consent)

이는 모든 연구 윤리의 출발점으로, 연구자는 응답자에게 거짓말을 하거나 중요한 정보를 숨겨서는 안 된다. 'Informed Consent'는 '충분한 정보에 기반한 동의'를 의미하며, 응답자가 참여 여부를 결정하는 데 필요한 모든 정보를 투명하게 제공해야 함을 뜻한다. 특히 동의를 구하는 과정에서 전문 용어를 남발하거나, 참여하지 않으면 안 될 것처럼 암시하는 강압적인 분위기를 조성해서는 안 된다. 연구자는 조사 시작에 앞서 다음의 내용을 명확하고 이해하기 쉽게 설명해야 한다.

연구 주체와 목적: 누가, 어떤 목적으로 이 조사를 수행하는가?
응답 내용의 활용: 수집된 데이터는 어떻게 사용되며, 결과는 어디에 공개될 수 있는가?
예상 소요 시간과 내용: 설문은 대략 얼마나 걸리며, 어떤 종류의 질문들이 포함되어 있는가?
비밀 보장: 응답 내용과 개인 정보는 어떻게 보호되는가?
자발적 참여: 참여는 전적으로 자발적이며 언제든지 응답을 거부하거나 중단할 권리가 있음을 명확히 해야 한다.

이 모든 정보를 제공받은 상태에서, 응답자는 어떠한 외부적 압력이나 강압도 없이 자유 의지로 조사에 참여할지 여부를 결정할 권리가 있다. 응답자를 속이거나 기만하여 얻은 데이터는 그 어떤 과학적 가치도 가질 수 없다.

비밀 보장과 익명성(Confidentiality and Anonymity)

응답자의 신뢰를 얻기 위한 가장 강력한 약속은 바로 비밀 보장이다. '익명성(Anonymity)'은 연구자조차도 누가 응답했는지 알 수 없도록, 이름이나 주소 등 개인 식별 정보를 전혀 수집하지 않는 것이다. 반면 '비밀 보장(Confidentiality)'은 연구를 위해 개인 식별 정보를 수집하기는 하지만, 연구자가 그 정보를 외부에는 절대 공개하지 않고 통계 분석 목적으로만 사용하겠다고 약속하는 것이다. 대부분의 조사는 후자에 해당한다. 연구자는 응답자에게 이 약속을 명확히 전달하고, 수집된 데이터가 개인을 식별할 수 없는 통계 자료의 형태로만 처리될 것임을 보증해야 한다. 이를 위해 연구자는 데이터 보안에 만전을 기하고, 분석 시 개인 식별 정보를 제거하는 등 기술적 조치를 취해야 할 의무가 있다. 만약 직장 만족도 조사에서 특정 직원의 비판적인 답변이 상사에게 알려진다면 심각한 인사상의 불이익으로 이어질 수 있듯, 비밀 보장 약속이 깨질 때의 피해는 실질적이고 심각할 수 있음을 명심해야 한다.

피해로부터의 보호(Protection from Harm)

설문조사는 그 어떤 경우에도 응답자에게 신체적, 정신적, 사회적 피해를 주어서는 안 된다. 연구자는 응답자가 특정 질문으로 인해 과도한 스트레스나 불안감, 수치심을 느끼지 않도록 주의를 기울여야 한다. 특히 트라우마나 불법 행위 등 민감한 주제를 다룰 때는 더욱 세심한 접근이 필요하며, 응답자가 원치 않을 경우 즉시 해당 주제를 넘어갈 수 있도록 해야 한다. 또한 응답자의 시간은 소중한 자원이므로, 불필요한 질문으로 설문 길이를 늘려 응답자를 지치게 하거나 그들의 시간을 낭비하게 해서는 안 된다. 연구 목적과 무관하게 너무 긴 설문을 진행하는 것 자체가 응답자의 시간을 착취하는 비윤리적 행위가 될 수 있다. 연구자의 책임은 조사가 끝난 후에도 계속된다. 응답자가 조사 내용으로 인해 불편함을 느꼈을 경우를 대비해 연락 가능한 정보를 제공하고, 필요한 경우 관련 지원 기관의 정보를 안내하는 것 또한 피해 최소화 노력의 일환이다.

좋은 질문, 좋은 연구자의 완성

이 책에서 다룬 10가지 원칙은 결국 하나의 목표를 향한다. 바로 '진실에 가까운 데이터를 얻는 것'이다. 이를 위해 우리는 응답자의 인지 과정을 이해하고, 명확한 단어를 선택하며, 보기와 순서를 전략적으로 배열하고, 사전조사를 통해 질문을 검증하는 기술적인 노력들을 기울인다.

하지만 이 모든 기술적인 노력들은 '연구 윤리'라는 단단한 토대 위에 세워질 때 비로소 그 의미를 갖는다. 명확한 단어를 사용하는 것은 응답자의 인지적 노력을 존중하는 윤리적 행위이며, 사전조사를 통해 질문을 검증하는 것은 응답자의 소중한 시간을 헛되이 쓰지 않겠다는 윤리적 약속이다. 아무리 정교하게 설계된 질문이라도, 그것이 응답자를 속이거나 존중하지 않는 방식으로 사용된다면, 그 질문은 더 이상 과학의 도구가 아니라 폭력의 도구가 될 수 있기 때문이다.

결국 좋은 질문이란, 날카로운 논리와 과학적 설계 위에 응답자를 향한 존중과 윤리적 책임감이라는 따뜻한 마음이 더해질 때 비로소 완성된다. 연구자가 응답자를 자신과 동등한 인격체이자 연구의 성공을 위한 가장 중요한 파트너로 대할 때 응답자 역시 가장 진실하고 성실한 데이터로 그 마음에 보답할 것이다. 좋은 질문을 만드는 기술은 곧 좋은 연구자가 되어가는 과정 그 자체다.

참고문헌

Fowler, F. J., Jr.(1995). Improving survey questions: Design and evaluation. Sage Publications, Inc.

Oppenheim, A. N.(2000). Questionnaire design, interviewing, and attitude measurement (New ed.). Continuum.

Sudman, S., & Bradburn, N. M.(1982). Asking Questions: A Practical Guide to Questionnaire Design. Jossey-Bass.

오승호

20여 년간 조사회사에서 '서베이 컨설턴트'로 일하고 있다. 한국외국어대학교 러시아어과에서 학사학위를, 서강대학교 정치외교학과에서 석사학위를 받았다. 대학 2학년 시절 정치학방법론 강의에서 설문지 작성에 대한 강의에 큰 흥미를 느꼈고, 이후 관련 일을 업으로 삼고자 사회 조사분석사 2급(2002.11.11)을 취득했다. 연구 논문으로는 "웹기반 선거여론조사의 쟁점과 신뢰성 제고방안 연구"(조성겸·오승호. 2021), "Web Survey Sampling Methods that Minimize Political Bias: PPS with Benchmarking Weight as a Size Variable"(Park Seunghwan·Oh Seungho, 2024 WAPOR CONFERENCE) 등이 있다. 서베이 방법론에 전반적으로 관심이 많으며, 특히 웹서베이에 대한 열정은 '덕후' 수준이라는 주위의 평가를 듣곤 한다. 서베이 방법론과 관련해 개인 블로그(https://method-survey.blogspot.com/)도 운영하고 있다.